PRE·TEXTOS kutchak

MASSIMO CACCIARI nasceu em Veneza em 1944, é professor emérito da Faculdade de Filosofia da Universidade San Rafaelle de Milão. É autor de numerosos ensaios filosóficos; entre os que mais marcaram a disciplina estão *Krisis*, Feltrinelli, Milão, 1976; *Dallo Steinhof*, Adelphi, Milão, 1980; *Drama y duelo*, Tecnos, Madri, 1989; *Drân. Méridiens de la décision dans la pensée contemporaine*, L'Eclat, Paris, 1992; *Dell'Inizio*, Adelphi, Milão, 1990; *L'Arcipelago*, Adelphi, Milão, 1997.

MASSIMO CACCIARI

Duplo retrato
São Francisco em Dante e Giotto

TRADUÇÃO **Denise Bottmann | Federico Carotti**
PREPARAÇÃO **Maria Fernanda Alvares**
REVISÃO **Daniela Lima**

Sumário

11 | **DUPLO RETRATO**

DUPLO RETRATO

I

Entre os grandes painéis de Assis, emoldurados pelas mais elegantes colunas retorcidas em estilo cosmatesco decoradas em mosaico, verdadeiras *estrofes* em vernáculo ilustre, e as *coplas* do *Cântico*, a «prosa assonantada»[1] daquele louvor, que se irradia livre de qualquer arquitetura teológica, transcorre o drama de um século, marcado pelo contraditório processo

---

[1] G. Pozzi, *Sul Cantico di frate Sole*, in *Alternatim*, Milão, 1996, fundamental tanto para o léxico franciscano quanto para a «teologia do louvor».

de afirmação da nova Ordem franciscana, Ordem paradoxal, pois seu fundador jamais a quisera assim, entre violentas dilacerações, promessas escatológicas, cruéis desencantos, ríspidos confrontos com os outros 'irmãos', eles também mendicantes e pregadores, do aprisco dominicano. É a grandiosa cena do último encontro entre 'os dois apenas', que assinala, no ocaso de ambos, o fim do sonho da *republica christiana* e a primeira e irreversível afirmação do poder estatal (*rex est imperator in regno suo*), do novo 'deus mortal', *superiorem non recognoscens*. Pelos próximos séculos, nenhuma outra cruzada conseguirá impor aos Estados 'cristãos' um período de paz. Desmorona a grande ideia universalista da *ordinatio ad unum*. A queda de Acri, dois séculos após a conquista de Jerusalém, antecede em poucos anos o afresco em Assis com a pregação do Santo perante o Sultão. E mesmo Francisco precisa retornar da Terra Santa às pressas porque agora a guerra, a verdadeira, a nova guerra, é apenas *bellum civile, in interiore* da família cristã – aliás, de sua própria família.

Essa época tem em Francisco sua *figura futuri*[2]; ele a encarna em sua história pessoal e ao mesmo tempo aponta seus resultados, que deverão guiar as tensões e dissonâncias que viveu, na tentativa *inaudita* de harmonizar o coração de uma mística puramente *cristocêntrica*, fundada na imitação *sine glossa* do Modelo, com a consciência de um vínculo indestrutível, que ultrapassa todas as contingências históricas, entre *communio*, participação eucarística (necessidade real do *corpo de Cristo*: *Admonitiones*, ı), e Igreja histórica, *esta* Igreja, necessariamente 'aproximável' apenas da *espiritual*, vínculo que obriga a repudiar toda e qualquer tentação 'herética'. Essa é a via realmente difícil, esse é o Calvário. No fundo, quão mais simples e até racional seria *pôr-se de parte*, sublevar-se contra qualquer comprometimento. E, aliás, quão mais coerente seria com aquela mesma sede de martírio que certamente arde em Francisco. Mas ele não viera para julgar, e sim para *predicare*

---

2 | E. Auerbach, Figura, in Studi su Dante, Milão, 1963; no mesmo volume, ver *Francesco d'Assisi nella Commedia*.

Verbum, em comunhão com todos, rejeitando qualquer separação com a mesma tenacidade com que outros fugiam do mundo, para chamar a uma guinada decisiva na vida e na vontade de cada um. Como o saber, sem vontade, nada move, nada pode *fazer*.

Esse sentido da *metanoia* franciscana, a *subversão dos valores* que ela comporta (acima de tudo, no significado que aqui assume o próprio termo *metanoia*, onde o *nous* renuncia a qualquer primado, esvazia-se de qualquer caráter abstrato e se concretiza no *operari*), é o espírito que adeja por toda parte na alma dos 'artífices' das novas linguagens artísticas[3]. A forma extraordinária de santidade por ela expressa vive naqueles que *fazem*, nos poetas aos quais uma nova forma de amor *determina* percorrerem águas inexploradas – e a nave-

---

3 | O entusiasmo de H. Thode em *seu Franz von Assisi* (1885), ao descobrir nele as origens da arte do Renascimento, deve ser visto com grande cautela, advertência despida de qualquer «filologia sedentária» (para dizer como Warburg), o que em nada diminui a importância pioneira do livro (ver sua bela edição italiana, aos cuidados de L. Bellosi, Roma, 1993).

gação segue essencialmente um só curso: representar o itinerário da mente até Deus como *acontecimento histórico*, exprimi-lo em sua profundidade temporal e perspectiva, em seu ambiente real, pintar a sombra que a alma produz ao seguir seu caminho, os traços e as cores do seu *encarnado* – em suma: narrar a viagem e o esforço que custa a cada *eu* individual subir «ao divino a partir do humano, / ao eterno a partir do tempo... e de Florença a um povo justo e sadio» (*Paraíso*, XXXI, 37-39).

Essa história deve ser narrada a todos, compreendida por todos, mas em formas tão inteiramente harmonizadas que possam concorrer com qualquer 'gramática' O clássico é autoridade somente como princípio de medida e de ordem, não como norma fixando limites intransponíveis; é nossa *comédia* que devemos hoje recitar (e levar a bom termo, se a graça ajudar), não a 'alta tragédia' de 'meu duque'. *Eu* não Paulo, não Enéas – mas será realmente algo menor? Será menos *sacro* representar a figura humana em seu *transcender-se* aqui e agora, em seu *transumanar,* porém sem perder sequer por um instante sua determinação histórica, o *nome próprio*? Não é mais o mero sentido alegórico a falar. Francisco é símbolo em seu próprio existir. Exatamente como foi Jesus, a quem ele quer imitar. As imagens hieráticas do corpo ressuscitado, indissociável da ideia, são subvertidas desde a aparição daquela primeira e mísera imagem, quase um simples rabisco de alguém na parede nua do casebre de Subiaco. Traços inteiramente realistas, que retornam na mesma pintura atribuída a Cimabue, agora no Museu de Santa Maria degli Angeli, e depois no rosto de Francisco com a Virgem no trono da basílica inferior. O Crucifixo bizantino (o «grego calcificado do Oriente», como diz Longhi) transfigura-se no *Jesus patibilis* de Francisco, cujo ícone revolucionário domina o século, até triunfar no grandioso *requiem* de Cimabue no transepto da igreja superior.

Em Assis está o *canteiro*. Para lá convergem os *novatores* de Roma e da Toscana, reagem um ao outro, mestres e ajudantes. Pietro Cavallini, que fizera os afrescos sobre as *Histórias de são Francisco* na igreja da Ordem em Roma, Jacopo Torriti, Cimabue e mais tarde

Giotto, com seus ateliês. Quanta filologia apaixonada do 'gênio', à caça do 'autógrafo'![4] E, no entanto, trata-se acima de tudo da *communitas* franciscana à obra – nos mesmos profundos contrastes que marcavam sua existência. Mãos e intenções diferentes, mas *um só empreendimento*: impor a face de uma santidade *próxima,* essencialmente similar à de Jesus, que, aproximando-se de nós, domina-nos com sua energia – e não com seu eterno 'velar' na prece contemplativa. Uma santidade, portanto, representável somente através de suas *histórias.* A própria representação torna-se *testemunho* da veracidade delas. Por isso é necessário dispor cada coisa de maneira tão semelhante à original «que parecia nem semelhante, mas ela mesma», como dirá Boccac-

---

4 | Sobre essa característica de canteiro complexo, irredutível a uma unidade, do ciclo de Assis, parece-me pertinente a insistência de B. Zanardi, em sua análise extremamente acurada, embora discutível, *Giotto e Pietro Cavallini,* Milão, 2002. Sobre a atribuição das pinturas de Assis, com juízos deformados por Zanardi, ver A. Tomei, *La decorazione della Basilica di San Francesco ad Assisi come metafora della questione giottesca,* in *Giotto e il Trecento,* Milão, 2009.

cio sobre a pintura de Giotto[5], para que o realismo da representação confirme a realidade do fato representado. O *quid est*, objeto e problema do ícone oriental, cede *lugar ao quis est*. Somente na finitude da criatura, nas sombras do seu espaço-tempo, a luz se torna visível. E por fim perguntamo-nos: nesse canteiro de toda a arte europeia, poderemos ouvir também a palavra de Dante? O Francisco da dupla igreja de Assis pode ser tratado *em analogia* com o dantesco?

Se, como me parece difícil contestar, para além da *vexata quaestio* atribuicionista, o maestro e, pelo menos, um dos principais intérpretes das *Histórias* da basílica superior é Giotto, a comparação, então, deveria se dar entre *os Dois*: Dante e Giotto. Será possível a comparação? Giotto: o artista preferido pelas cortes, principalmente pela corte pontifícia, que lhe encomenda o tríptico destinado a engrandecer a tumba do próprio Apóstolo em Roma, e, ao mesmo tempo, por banquei-

---

5 | Sobre a figura de Giotto no Humanismo, ver M. Baxandall, *Giotto e gli umanisti,* Milão, 1994.

ros e burgueses emergentes, ou seja, justamente por aquela «gente nova» cujos «ganhos imediatos» geram «orgulho e descomedimento» (*Inferno*, XVI, 73-74) e cuja hipocrisia em relação à fé é o maior escândalo para qualquer 'espiritual'; Dante: origem social muito diferente, paixão política sempre mesclada à vontade de saber, e vontade de saber sempre a ponto de se transfigurar em ascese mística, não se sentindo à vontade em nenhum lugar a não ser em seus grandiosos, nostálgicos, irrealizáveis designíos, e em conflito constante e acirrado com seu tempo e seus falsos deuses. Nenhuma semelhança na vida e no caráter.[6] Mas é indubitável a afinidade da *língua matriz* – e Francisco como profundo, essencial *analogon*, onde se capta tanto o que os une quanto o que os distingue.

Essa afinidade de destinos encontra em Dante sua primeira testemunha. A certeza do próprio valor e «o

---

6 | Esse problema é discutido, entre outros, com sérios convites à prudência, por G. Previtali em sua clássica monografia, *Giotto e la sua bottega*, Milão, 1967. Ver também G. Fallani, *Dante e la cultura figurativa medievale*, Bergamo, 1971.

grande desejo / da excelência» naturalmente não devem levar à soberba, e ainda menos hoje (no 'moderno'!), quando a glória por tão pouco tempo «perdura verde em seu cimo», e, no entanto, nada «vã» é a fama daquele que 'tirou de campo' Cimabue, assim como não será a daquele outro, destinado a 'expulsar do ninho' tanto o Guido que no *De vulgari eloquentia* fora chamado de *maximus*, qual seja, Guinizelli, quanto o Guido que já se sobrepujara ao primeiro na «glória da língua», mas que por certo «desdenhou» ser, como Dante, *acompanhado* na ulterior aventura suprema da língua e do intelecto, qual seja, Cavalcanti.[7] Dante, no canto XI do *Purgatório*, mostra-se plenamente consciente da complementaridade histórica dos dois processos. Não se compreende a envergadura de um sem que ele se reflita no outro. Terá o poeta conhecido diretamente as obras do pintor? Por apresentar um juízo tão definido sobre

---

7 | Sigo a interpretação do discutidíssimo canto X do *Inferno* defendida por A. Pagliaro, *Saggi di critica semantica*, Messina-Florença, 3ª ed., 1976, pp. 355 ss., e a de E. Malato para o canto XI do *Purgatório*, in *Studi su Dante*, Cittadella, 2005, pp. 460 ss.

elas, isso parece mais que verossímil. Provavelmente em Pádua, narra Benvenuto de Imola em seu *Comentário*, Dante visitara a obra-prima que Enrico Scrovegni encomendara a Giotto para a capela da família, talvez vencendo a repugnância por aquela súcia de usurários, representada no inferno por Reginaldo, pai de Enrico, captado numa atitude típica dos condenados nas grandes cenas do Juízo («Aqui torceu a boca e pôs para fora / a língua, como o boi lambendo as ventas», *Inferno*, XVII, 74-75).[8] Mas a referência a Cimabue evoca imediatamente a imagem de Assis. É aqui que ocorre a passagem do testemunho. É aqui que o jovem retira do afirmado mestre «a glória da língua», porém alimentando-se de sua lição – tal como se nutre, e talvez ainda mais, da dos romanos. (E, quando se diz língua, diz-se também em sentido propriamente técnico – Dante, de fato, em diversas passagens da *Comédia* dá a entender clara-

---

8 | Mas Chiara Frugoni «resgatou» a figura de Enrico Scrovegni em seu *L'affare migliore di Enrico. Giotto e la cappella Scrovegni*, Turim, 2008.

mente sua competência em pintura.) Mas é aqui que o 'encontro' devia acontecer, pois é a terra de Francisco! Dante imagina seu 'não louco voo' no ano do Jubileu, 1300. Na iminência do grande evento, encontrava-se em Assis o 'canteiro' de Giotto – e a fama sua e de seu empreendimento, não só entre os pintores contemporâneos, devia ser grande. Dante já estará pensando em seu Francisco, ao exaltar o artista que, compreende ele, opera num nível equivalente apenas ao seu? Em todo caso, a comparação com a espiritualidade franciscana é, sem dúvida, decisiva na estruturação da *Comédia*. A mim, parece-me até que Francisco é a 'novidade' da obra maior (da «teologia» do *Paraíso*, em especial) em relação aos outros escritos. A figura da *humilitas* marca o afastamento de qualquer pretensão filosófica (certamente não da filosofia!); é ela que permite a Dante compreender a que ponto a 'via divina' está distante «daquela escola / que seguiste» (*Purgatório*, XXXIII, 85-86). Se há uma mudança (e decerto há, pelo menos no tom geral) entre a *Monarquia* e o *Paraíso*, ela se manifesta na presença de Francisco. Esta é igualmente decisiva na formação da linguagem do ciclo de Assis. O 'duplo retrato' de Dante e Giotto, que este teria pintado numa parede do Palácio Público, de que fala Villani, poderá ser também uma lenda humanista sobre ilustres naturais da Florença-Atenas, mas, para uma hermenêutica que mal acaba de adquirir consciência da origem de seu nome, é inevitável tentar imaginá-lo. Não se trata de um retrato dantesco de Giotto, nem o inverso. Ambos, porém, podem se refletir no retrato de Francisco, que ambos executam. Mas é precisamente da diferença entre os resultados que aflora o santo *traditus*, cuja figura é inexoravelmente, por necessidade intrínseca, entregue à história das suas interpretações. Podemos, aliás, já 'saltar', *per figuram,* para as conclusões: em nada Francisco é mais profunda *imitação* de seu Cristo do que em *ser traído.*

II

A iconografia de Francisco no decorrer do século XIII tem sido amplamente estudada.[9] Desde aquela pri-

---

9 | Cf. o recente *Le immagini del francescanesimo,* Spoleto, 2009, que traz um importante ensaio de Chiara Frugoni sobre o ciclo de Assis, *Rappresentare per dimenticare?* A essa estudiosa, como se sabe, devemos o estudo fundamental sobre a «invenção» dos estigmas (Turim, 1993), além de muitos outros ensaios sobre Francisco e Giotto, que têm presença constante neste trabalho. Sobre o problema dos estigmas, é notável o ensaio de A. I. Davidson, *Iconografia e filosofia dele stimmate di Francesco*, in *Ascetismo, digiuni, anoressia,* org. P. Santonastaso e G. Favaretto, Milão-Paris-Barcelona, 1999. Ver também K. Krueger, *Un santo da guardare, in Francesco d'Assisi e il primo secolo di storia franciscana*, Turim, 1997.

meira pintura de Subiaco, já citada, até os grandes quadros de Santa Croce e do Mestre de Lucca em Pistoia, nos meados do século, há uma profusa multiplicação de imagens do Santo, que acompanham o 'milagroso' desenvolvimento da Ordem. A *Legenda maior* de Boaventura irá depois definir o cânone iconográfico, mas sem alterar sua estrutura fundamental: sobressai-se a figura do Menor, como *eixo* da representação, mas ao redor brotam as *historiae*. Não mais o ícone do Modelo já transumanado, cuja vida, mesmo quando é relembrada, já aparece como pleno milagre, mas o do Santo que *narra* sua própria existência, imagem que quase exige a máxima *proximidade* com o *profano*. Pregar, para Francisco, não é senão *fazer-se* próximo. O mesmo se dá com sua imagem, que desfaz qualquer aura sacralizante e, antes de mais nada, dá testemunho sobre a *vida real* de tudo o que nela se representa. E *o último selo* que o Santo recebe *directe* de Cristo também pretende ser de máxima realidade. Esse 'episódio' da vida quase vem a substituir gradualmente a imagem mais tradicional de Francisco de pé, a abençoar. O dom dos estigmas, coroamento da *perfectio evangelica*, da perfeita *imitatio*, deve se mostrar tão real e indubitável quanto as cenas históricas da renúncia aos bens perante todo o povo de Assis, ou o encontro com Inocêncio III, ou a invenção do presépio em Greccio, e concentrar em si o significado integral dessa vida. Já não é um evento entre os outros, por mais que central que seja, mas é o *Evento*, como na grande pintura do Louvre, estritamente aparentada ao afresco de Assis, o Evento pelo qual o amante se transforma no próprio Amado. As chagas de Francisco *são pintadas* por Deus, diz Boaventura.[10] Mas como essa divina pintura é imaginada por Giotto? E por Dante?

O elogio de Francisco se estende ao fundo num entrelaçado de cantos, em que o mais extraordinário jogo de simetrias, semelhanças, comparações e analogias dá vida a uma grande forma *sinfônica*, que talvez não encontre igual nem mesmo nos cantos finais da *Co-*

---

10 | Sobre a «pintura» dos estigmas, H. U. von Balthasar funda sua interpretação de Boaventura como «estética teológica» (*Gloria*, trad. it. Milão, vol. II, 1978).

média. Aqui Dante pinta a *summa* de sua ideia de catolicidade, como concórdia de opostos, como comunidade *de destino*, mais do que de proveniência, como harmonia de difícil beleza entre membros claramente distintos em seu *carisma* e, precisamente por isso, unidos no Fim. Em perfeita analogia com a ideia do Império, que só tem validade se for constituído *ex nationibus*, isto é, o contrário de uma imposição autoritária sobre os indivíduos, da mesma forma o coro dos sábios católicos exprime aquela polifonia que é a música de todo o Paraíso, triunfando sobre o entrechoque dos ruídos infernais, que se enregelam ao fundo, mas também sobre as nostálgicas notas trovadorescas evocadas por Casella na praia do Purgatório.

Assim, inserida na tremenda estrutura teológico-filosófico-histórica do Céu do Sol, morada dos espíritos sábios, encontramos a apoteose dantesca de Francisco. Paradoxal colocação do *indoctus,* do evangélico *ptochós.* Só que aqui não é o pobre que se exalta como sábio, mas o sábio que se 'humilha' reconhecendo a *loucura* de Francisco como verdadeira e mais alta sabedoria. O grande Mestre de Paris, Tomás, curva-se à *loucura da Cruz* pregada em Assis. «Mal vemos Paris, que destruiu Assis», protestava Jacopone, devolvendo voz à profunda desconfiança originária em relação a qualquer forma de *cupiditas sciendi*. Mas agora Dante quer mostrar o *movimento ou*, diria eu, a possível *peregrinação* que o discurso mais árduo, o teo-*lógico*, pode realizar sem se trair, mas, pelo contrário, revelando sua natureza íntima, rumo ao Oriente que é Assis. São estes os acontecimentos essenciais, a arquitrave dos cantos x-xiii. O jogo de espelhos entre Tomás e Boaventura, entre doutrina dominicana e *caritas* franciscana, é assimétrico. Sem dúvida, em seu elogio de Domingos, que cavalheirescamente retribui o elogio que Tomás tributara a Francisco – 'reciprocidade' que pretendia representar o fim de antigas e profundas divergências e para o qual ambos, com resultados duvidosos, haviam trabalhado –, Boaventura quer mostrar, por sua vez, que não existe nenhuma contradição entre fé e sede de saber, entre os *charismata* dos Padres fundadores, mas suas próprias palavras, os termos que, diria eu, ele emprega tecnicamente para exprimir a glória de Domingos, indicam uma ordem *hierárquica* precisa: Francisco, entre iguais, é o *primeiro*.

Tal primazia se faz evidente, antes de mais nada, no próprio fato de que é Tomás quem tece seus louvores. Tomás é, sem dúvida, o primeiro entre os dois condutores das coroas dos beatos que saúda o poeta como mulheres dançando em festa. Ele abre e fecha o grandioso episódio. É ele quem responde às perguntas de Dante. E é a coroa por ele conduzida a mais excelente; para demonstrá-lo, basta dizer que a alma de Salomão faz parte dela. Tomás a apresenta em nada menos que 44 versos, contra o brevilóquio quase insignificante, até a 'aparição' de Joaquim, em que Boaventura faz a apresentação dos beatos que o acompanham. Veremos que o elogio de Francisco, feito por Domingos, procede em termos que indicam pontualmente sua excelência. Não há nenhuma necessidade de subir ao Empíreo, onde Francisco é exaltado junto com Bento e Agostinho, enquanto fundadores do monarquismo do Ocidente, para compreender que Dante representa a autêntica *novitas* da espiritualidade 'moderna' com o *homo novus*, Francisco, e o que sua Ordem pelo menos parecia prometer. Para demonstrá-lo, bastam as palavras do próprio Tomás! Nem a aprovação da Ordem dominicana, em 1216, despertara as preocupações e os contrastes dentro da hierarquia, e entre a hierarquia e o próprio papa, que marcam toda a história da Regra franciscana. Com efeito, Dante fala desta última com precisão histórica, ao passo que dedica àquela outra apenas uma fugaz menção. Em suma, como nos ensinaram a ver, pelas mais variadas perspectivas, os Bonaiuti, os Nardi, os Manselli, a alma da *Comédia* é a espiritualidade franciscana.

Mas trata-se de um franciscanismo que não se pode confundir com o anelo joaquimista de *uma ecclesia spiritualis*, nem se dissociar da outra forma de pregação, a dominicana. Um franciscanismo que ainda dá provas de profundas influências da escatologia florense, mas alheio a qualquer esquematismo simbólico-alegórico abstrato. A profecia dantesca parece-me partir da denúncia realista dos males da época, da compreensão de suas causas remotas e da esperança de soluções histórica e politicamente *possíveis*, mesmo que realizáveis apenas providencialmente. Assim, a própria pregação de Francisco parece refratária a todo 'utopismo' e solidamente enraizada na exemplaridade da vida de Cristo. Trata-se, em suma, do Joaquim relido por Boaventura, geral da Ordem, na tentativa de uma mediação quase impossível com os 'espirituais', do Joaquim presente também na *Legenda maior*.[11] É essa figura que Boaventura apresenta conclusivamente a Tomás, para que ele possa 'aceitá-la'. O espírito profético deve ser acolhido, e Francisco exaltado como sua máxima, escatológica expressão. E é isso que os dominicanos, e justamente pela voz de seu maior expoente, Tomás, devem por fim

---

11 | Para H. de Lubac, pode-se até sustentar que a refutação do joaquimismo por parte de Boaventura «é ao mesmo tempo, em certa medida, uma corroboração» (*La posterità spirituale di Gioacchino da Fiore*, trad. it., Milão, vol. I, 1981, p. 173). Mas ver a justa insistência de G. Miccoli (*Francesco d'Assisi*, Turim, 1991) sobre o rigor da luta de Boaventura contra as correntes joaquimistas que proliferavam na Ordem.

reconhecer, visto que a figura de Domingos também é escatológica; assim fora interpretada, por outro lado, no *Arbor vitae crucifixae Jesu*, por aquele mesmo Ubertino da Casale que Dante, pela boca de Boaventura, condena como representante do 'extremismo' dos 'espirituais'. E a 'história' não teria contado que mesmo Domingos quisera reunir os dois apriscos *numa ordem só*? Deve cessar toda e qualquer inimizade entre 'espírito profético', claramente distinto da glossolalia, segundo o ensinamento de Paulo aos coríntios, e sabedoria teológica. Mas, assim como o autêntico franciscanismo agora acolhe em si esta última, ela deverá reconhecer a *verdade do silogismo*, isto é, saber discernir entre os meios lógicos do raciocínio, que são *sempre* necessários, e seu uso impróprio, que consiste em voltá-los contra a Revelação ou até mesmo em negá-la. Isso explica a presença de Sigieri, na conclusão da primeira coroa, e as palavras um tanto enigmáticas com que Tomás, seu grande adversário em vida, ilustra-o a Boaventura, que era seu *inimicus* ainda mais ferrenho. Tomás repensa o racionalismo de Sigieri e pede a Boaventura para reconhecê-lo nessas vestes. Boaventura faz o mesmo com Joaquim, cujas obras para Tomás eram mera vaidade. Desnecessário dizer que são eles o Joaquim e o Sigieri de Dante, revisitados no quadro de uma escatológica *pax catholica*. Tomás e Boaventura, juntos, operam uma *catarse* das respectivas posições e tradições, sem excluir nenhum de seus momentos mais 'perigosos', mas reconsiderando-os à luz de um 'novo início'. Dante 'obriga' Tomás e Boaventura a uma dupla 'conversão' (coisa infinitamente mais árdua e complexa do que lembrar aos dominicanos o fato de serem mendicantes e aos franciscanos o fato de serem predicantes): eles devem acolher em suas fileiras aquele que fora o inimigo 'interno' mais insidioso, tomá-lo como *hostis hospes* (e, aliás, um hóspede de destacado relevo, último anel, ainda que na mão 'esquerda', da coroa) e, ademais, reconhecer o valor do *inimicus* 'externo', reconhecê-lo como fator essencial do grande desígnio da providência, da economia salvífica.

Parece evidente que tal 'torção' do franciscanismo, muito além do próprio ensinamento de Boaventura, consiste quase numa nova criação dantesca. Mas o mesmo valeria para o 'tomismo' do poeta. Aqui também o que importa é a perspectiva em que se dá o encontro: ela exalta o coração que ouve, acolhe e não julga, a pregação (*verbum abbreviatum*) que se aplica em «se humiliare in omnibus» (*Regula non bullata*, xvii) e que é capacidade inesgotável de perdão. Em suma, é àquela Regra, constituída apenas pela vida e pelas palavras de Francisco «secundum formam sancti Evangelii» (*Testamentum,* iii), que Tomás acede. Mas, acedendo a ela, transforma-se também a figura do Francisco 'idiota sem letras', do Francisco mínimo entre os *minores*. A presença dominante de Tomás no encontro sob o signo do Sol, encontro inteiramente composto sobre a trama da primazia de Francisco, significa a *essencialidade* do estudo de todas as Rainhas do *Convívio*, artes, filosofia, teologia, com as quais a mística de Assis, se pretende ser o oposto de qualquer separação abstrata do *mundo*, o qual é também o mundo daquelas *Dominae*, deverá se confrontar e enfrentar seus problemas. *Trabalho*, aquele trabalho que Francisco recomenda energicamente como remédio para o ócio indolente, passa a ser também silogismar no Vico degli Strami – mesmo aquele esforço, diríamos, o esforço da filosofia como investigação puramente racional, pode vir a proporcionar «luz eterna».[12]

Francisco exprime a essência da profecia religiosa de Dante, mas enquanto indissociável de Domingos. Francisco é Oriente, Francisco dialoga com o Serafim, que na corte angelical é o mais próximo a Deus (como se diz também no *Convívio*; e note-se que os querubins, por sua vez, podem ser até *negros*! [*Inferno*, XXVII, 113] – assim, a própria sabedoria, a «luz querubínica», se não se fundir ao Amor, pode-se tornar diabólica), Francis-

---

12 | E. Gilson assim interpreta a presença de Sigieri no *Paraíso* (*Dante et la philosophie*, 3ª ed., Paris, 1972): filosofia estranha a qualquer preocupação de concordar com a teologia e, por isso, *não* inimiga sua. Mas continua a ser extraordinário e inquietante que Dante tenha acolhido no Paraíso essa filosofia, que não é a sua (nem mesmo na época do *Convívio*), e ainda mais faça com que Boaventura a «acolha» (sobre as polêmicas antiaristotélicas dos mestres franciscanos, ver, por último, G. L. Podestà, *Maestri e dottrine nel XIII secolo*, in G. Miccoli, *Francesco d'Assisi*, cit.).

co é seráfico *em ardor*, arde como a sarça ardente, não resplende (*splendor*) de outra luz ou chama. O ardor é o sinal da verdadeira fé; somente ardendo, torna-se co-herdeiro (*Monarquia*, III, 3). Beatriz aparece «corada como fogo» (*Purgatório*, XXXIII, 9). (Angelus Silesius escreverá: «*Sobre a tumba de são Francisco*: aqui jaz um Serafim: espanta-me que a pedra colocada sobre este fogo em chamas ainda possa durar»). É exclusivo de Francisco o selo dos estigmas. Nada poderá se igualar a ele.[13] Mas sua missão só se pode realizar ao lado de Domingos. *Dois* são os *viri*, que rivalizam em humildade, como no relato de seu encontro, tanto em Celano quanto em Boaventura (nessa ocasião é o dominicano quem fala primeiro!). A *reformatio*, condição indis-

---

13 | G. Miccoli (*Francesco d'Assisi*, cit.) mostra que o tema da inigualabilidade de Francisco serve a Boaventura, mais tarde, para reprimir o escatologismo das correntes pauperistas radicais. Existe somente um Cristo, e somente um perfeito imitador seu, Francisco. Mas, como mostra o próprio ciclo de Assis, o «único» Francisco se torna inseparável da Ordem que fundou. E essa é a preocupação que passa a ser dominante.

pensável de qualquer *renovatio* universal, a que aspira Dante desarmado, só é concebível se os Dois 'correrem' juntos («... correu e, correndo, pareceu-lhe estar atrasado»), se as duas grandiosas Ordens mendicantes lutarem juntas para conquistá-la. Para a afirmação histórico-política, não basta o poder da *paupertas* franciscana. Francisco deve se unir ao outro 'príncipe', para salvar a Igreja que se desmorona. O sonho de Inocêncio III, que em Assis precede o painel central da aprovação da Regra, também está presente na biografia escrita por Domingos. O *amor cortese* de Francisco e Pobreza deve representar o espírito da *reformatio*, seus «alegres semblantes» devem expressar de maneira sensível seu significado escatológico (como o 'riso' de Beatriz: *hilaritas paradisi*), a verdadeira pregação é a de Francisco ao Sultão, sem armas, sem *milites* em torno, pregação que quer ser te-stemunho-martírio. E no entanto, para que se realize a profecia que Pedro revela a Dante (*Paraíso*, XXXVII), para que a «alta providência», a qual uma vez já defendeu Roma com Cipião (Pedro, que afirma ser providencial o domínio daquela cidade, «glória do mundo», que o crucificara!), agora a liberte daqueles «pastores lobos rapaces», que dela fazem «cloaca do sangue e da fetidez», é preciso que a pura misericórdia franciscana se alie ao ímpeto do outro 'paladino', o qual nasce no Ocidente, ama como «servidor» a fé cristã, é «implacável» no combate a seus inimigos e «como torrente» atinge-os e derruba-os, com força tanto maior quanto maior a oposição. É necessário também que o «grande doutor» se mova «com doutrina e com vontade em conjunto» para que aquela Igreja, a que, enquanto tal, sempre se deve reverência (e isso afasta Dante, como Francisco, de qualquer heresia: «a reverência das sumas chaves» [*Inferno*, XIX, 101] – o que, porém, não impede que o poeta se lance logo a seguir numa de suas invectivas mais ferozes), seja libertada de quem lhe usurpa o trono. Mas o primeiro louvor deve ser feito a Francisco, e tanto pior se a doutrina ignora que a *scientia divina* ultrapassa todo humano saber e querer. No exato momento em que Tomás reconhece implicitamente, mas com toda a clareza, que o primado espiritual deve caber a Francisco, Boaventura, em cores plenamente realistas, mostra que a *ecclesia militans* dominicana é indispensável para o objetivo de reforma também visado por Francisco.

Mas quanta rebuscada diferença de tom entre os dois elogios! Com que atenção, diríamos, Boaventura parece quase querer ressaltar os trechos da obra de Domingos mais contrastantes com a pregação franciscana! Como imaginar um Francisco que «nos espinheiros heréticos percorreu / o ímpeto seu»? Linguagem estranha a todo o léxico franciscano. Apesar disso, o monumento que Dante erige ao Santo não está *sozinho*, não é legível isoladamente. É um duplo retrato: Francisco e Domingos – tal como poderia pintá-lo um profeta laico, depois de passar pelo confronto com o aristotelismo radical, pela luta política, pelo mais cruel desencanto, e que por fim encontrava no quadro de uma escatologia religiosa uma nova promessa, uma nova força de esperança. Nenhum impulso místico é capaz de ofuscar no gênio de Dante a consciência do real, das *figurae* que podem operar decisivamente no real, das relações de poder que ali dominam. Assim, a reforma das duas Ordens predicantes, seu retorno aos fundadores, é considerada como *arma* fundamental para a reforma de toda a Igreja – mas apenas sob a condição de que ajam tanto mais unidas quanto mais cientes da força de suas mútuas diferenças e da ordem hierárquica que se expressa nessas mesmas diferenças. É preciso mística, mas a mística franciscana radicada no *operari*,[14] não a que se entrega ao providencialismo determinista das eras e dos ciclos históricos – e é preciso também saber *golpear* os *inimigos*, mas como Domingos, para que caridade e doutrina estejam em acordo. Boaventura e Tomás precisam poder conversar e se entender. E ao mesmo tempo precisam, cada um por conta própria, corrigir as tradições e os costumes de seus respectivos apriscos – e até para isso será preciso haver conflito, luta e capacidade política. *Figurae futuri*, os *duo viri*? Possibilidades

---

14 | Por outro lado, serão justamente os mestres franciscanos, polemizando contra o «concordismo» tomista, distinguindo teologia e filosofia, que irão conferir a máxima importância à ciência da natureza. Ver a síntese essencial do problema apresentada por B. Nardi em *Studi di filosofia medievale*, Roma, 1979, pp. 193 ss.

reais? Esperanças fundamentadas? Ou apenas almas do Paraíso, sem futuro na terra?

A representação de Francisco alcança a determinação histórica desse desígnio. Sem dúvida, ele é *também* realização das expectativas joaquimistas – Sol no Céu do Sol, *ex oriente lux,* Assis novo Oriente. «Ecce vir, Oriens nomen eius», *Zacarias,* 6: 12; *Lucas,* 1: 78. É verdadeiro profeta, como o mostra, acima de tudo, sua *de-cisão* do mundo, sua entrada «em guerra» contra o pai terreno, para ir às núpcias místicas com Pobreza. Na concepção dantesca, tudo gira em torno dessas núpcias. Por si sós, elas expressam aquela *guerra,* que impossibilita qualquer retorno ao passado, e são vontade reta e inflexível de reforma. *Reformatio* significa unir-se indissoluvelmente à Mulher que *sozinha* «com Cristo chora na cruz». Primado de Francisco, que o evento dos estigmas apenas reforça, não determina: ele é o amante de Pobreza, somente ele se une com perfeição a ela; antes dele, ninguém o ousara; ficara viúva, «sem convite», até o dia da Paixão. Será preciso voltar ao significado que Pobreza vem a assumir aqui, mas é inegável que toda a representação dantesca se concentra nela. Entre os versos dedicados ao louvor de Francisco (em mesmo número dos de Boaventura a Domingos), nada menos que trinta celebram as núpcias e seus felizes efeitos no florescimento da Ordem. Falta ao retrato de Domingos um centro de tal potência; ele é apenas «familiar de Cristo», chamado por Cristo «para ajudá-lo», e não certamente sua 'ressurreição'. O único esponsalício de Domingos é com a fé, por meio do batismo, como para todos os cristãos. Comum o louvor, comum a glória, mas sob condição de que se evidencie a ordem dos carismas. Tomás e Boaventura, mesmo sob tal aspecto, são *homines hierarchici*, como eram seus mestres proféticos.

Em torno da imagem central das núpcias, em Dante, giram, após a cena do 'despojamento', as cenas da aprovação da Regra, da pregação de Cristo «na presença soberba do Sultão» e, por fim, as do «último selo» e da morte *nua,* dois anos depois. Estas duas últimas não são senão a concretização das núpcias. As outras são retomadas por Dante para exprimir o que, para ele, é próprio da existência histórica de Francisco: a luta pela reforma radical, enquanto retorno «simples» à vida evangélica, e a forma de sua pregação. As duas dimensões são extraordinárias para Dante. Mostra-se a Regra nascendo da firme vontade de Francisco, contra as resistências e as incompreensões daqueles que 'usurpam' a cadeira de Pedro. Não há polêmica direta; nem Inocêncio III, nem Honório III são «maltratados» por Dante (e sem dúvida obtêm tal «privilégio» pelo papel decisivo que exerceram para vencer as resistências da hierarquia à aprovação definitiva da Ordem, e não por suas posições teológico-políticas, pois Inocêncio representa o apogeu do papado medieval na luta para afirmar a Igreja como governo do mundo, poder *erga et super omnes*, justamente na direção da *Unam sanctam* do detestado Bonifácio!);[15] mas é evidente que a própria ênfase na passagem do «primeiro selo» de Inocêncio,

---

15 | Sobre as complexas vicissitudes entre a visita a Inocêncio III, o Concílio de 1215, a aprovação da Regra por Honório III, contra a carta do mesmo Concílio, ver a clara síntese de H. Grundmann, *Movimenti religiosi nel Medioevo*, trad. it., Bolonha, 1974, pp. 93 ss.

apenas verbal, para o formal de Honório, quer indicar que a «intenção» de Francisco era não apenas «dura» em si, mas ainda mais dura de aceitar por parte de amplos setores do colégio cardinalício, do clero secular e de muitos bispos, especialmente na França e na Alemanha – e que somente o crescimento prodigioso da Ordem («Depois que o povo pobre acreditou...») permitira superar as resistências. E, ademais, com que escrúpulo Dante se empenha em anunciar que «a santa vontade» de Francisco é coroada pelo Espírito Santo, *por meio de* Honório! Foi a providência que assim decretou, não o livre-arbítrio de cardeais e papas. A vontade férrea do novo Santo, esposo de Pobreza, selado pelo Espírito – é essa energia que *se abre regiamente* perante a autoridade da Igreja e a obriga a dar seu assentimento. Assim, Francisco também é rei, duque. Regiamente ereto diante da corte pontifical. Devemos guardar bem essa 'dura' imagem, para quando visitarmos a basílica de Assis.

A outra cena é ainda mais significativa. A peregrinação à Terra Santa se dá exclusivamente «pela sede de martírio», sede de testemunho ao ponto do sacrifício de si mesmo. Como no cristianismo das origens, apenas o martírio atesta a *boa*-fé para além de qualquer dúvida; apenas o martírio realmente *justifica*. Aqui, Francisco é imagem da ideia do praedicare *Verbum*, puro anúncio, humilde e alegre anúncio diante do «Sultão soberbo», imagem da soberba do mundo – humilde, isto é, desarmado das armas do mundo. A viagem de Francisco se mostra totalmente estranha ao contexto em que se desenrola – uma história de guerras e subjugações; para Dante, é o modelo oposto ao das ordens monásticas guerreiras e, muito mais que isso, o sinal escatológico de uma conversão universal por mera força da Palavra. Conversão ainda 'prematura'. As esperanças foram desiludidas; ainda falta tempo, por mais que figuras como Francisco possam abreviá-lo. A história está *julgada*, mas seus poderes ainda agem – e no interior dos próprios Menores, onde, na ausência de Francisco, explodem as divergências. Os tempos ainda imaturos obrigam o Santo a retornar; terá o prêmio e o selo de suas derrotas no encontro com Cristo «na nua pedra entre o Tibre e o Arno».

Assim, 'aos pés' do ícone central, a cena do Alverne, três cenas retomam, para Dante, as *historiae* de Francisco: a *de-cisão* de desposar Pobreza, a relação com o papado para a aprovação da Regra, a pregação. Outras três formam a predela do quadro giottesco no Louvre: o sonho de Inocêncio III, a aprovação da regra, a prédica aos pássaros. Mudança dramática de perspectiva: o Papa é inspirado *directe* por Cristo (assim como os sinais de Cristo 'chovem' sem mediação alguma sobre Francisco) a ver seu 'paladino' no Menor de Assis; sua consequência natural é a aprovação que vem a seguir. Em Dante não há sonho nenhum, e menos ainda aprovação pronta e espontânea. (Joga-se uma partida importante em torno desse sonho. Não há nenhum traço dele na *Vita prima* de Celano, mas emerge com vigor na *Seconda,* escrita por encomenda direta do papado – mas o Francisco que aqui aparece é «um religioso pequeno e desprezível»... que diferença do «Atlas» de Assis!) Em Dante, o Espírito sopra *univoce* a Francisco; os Papas não sabem nem querem, mas têm de seguir «a providência, que governa o mundo». Inversamente, não há nada de régio no Francisco de Giotto, ajoelhado perante a corte pontifical. Assim, a cena comum entre Giotto e Dante é a que assinala a maior distância entre eles. E a pregação? Vem ligada não à sede de martírio, não no local que conheceu a mais escandalosa profanação do nome de «cruzado» (para Francisco, apenas o *crocefisso* é «cruzado»), mas sim aos *volucres caeli*. No exemplo adotado por Dante, a pregação franciscana é histórica, encarnada – já a representada por Giotto é lendária, ou melhor, prenhe da vivacidade da lenda popular, mesclada a um nítido propósito «edificante», regido pela Igreja.

III

Para explicar tais diferenças, bastarão as considerações, a que já aludimos, sobre a encomenda de Giotto, sobre as condições sociais e culturais muito distintas dos dois grandes *dictatores*? Sem dúvida, elas são totalmente pertinentes para compreender o conteúdo literal de muitas cenas, desde as do sonho e da aprovação até as da pregação, mas não o 'sabor' geral da representação, onde também parecem estar presente outros fatores, próprios da 'intencionalidade' artística dos autores, característicos de sua *Kunstwollen*. De um lado o pintor, destinado, tal como o poeta, a logo se converter em mito da nova era das artes, cuja vis *imaginativa* encontra nas *historiae* franciscanas, como depois na de Jesus na Capela dos Scrovegni, a *razão* para a ruptura com a linguagem antiga, isto é, a necessidade de conferir massa, volume, consistência dramática à figura, para que ela perca qualquer aspecto de contingência, de mera acidentalidade. De outro lado, o grande intelectual, que vê em Francisco a encarnação de elementos essenciais de seu próprio projeto cultural, político e religioso e quer que tal seja o tema expresso pelos episódios exemplares de sua vida. A representação do pintor nasce, e não poderia ser de outra maneira, do relato dessa vida (que, por si só, parece 'oferecer-se' inteiramente a ser representada, *pintada*) feito pela comunidade dos cristãos. Em Dante, a representação da vida de Francisco nasce da *ideia* que dela tem o poeta – e por isso o que importa são os episódios que só podem ser pensados no contexto dessa ideia. Já no pintor entrelaçam-se realidade, versão oficial e lenda; para ele, tão e mais real do que o real é o que a época, a *pietas* popular e a Igreja imaginaram sobre esse *homo novus*.

1 | *São Francisco* (anterior a 1224, particular). Sacro Speco, Subiaco.

2 | Giotto, *São Francisco recebe as estigmas* (1300 ca). Museu do Luovre, Paris.

O intelectual, poeta, político e profeta Dante discerne nitidamente as duas dimensões; a lenda não deve desempenhar nenhum papel significativo. Francisco vale enquanto símbolo verificável da escatologia religioso-política que Dante vem elaborando a partir de várias fontes. Francisco não prega a flores e aves – prega a esse bestiário de homens de seu século, prega aos que deveriam ouvir e saber, visto que tal é a finalidade deles, mas que, em vez disso, permanecem como vermes ou se transformam em cachorrinhos, cães, porcos, raposas e lobos, como acontece aos que habitam ao longo do Arno (*Purgatório*, xiv, 28-54).

E, no entanto, é aqui que a pintura se aproxima do rosto de Francisco num de seus traços mais revolucionários – traço ao qual Dante, 'tolhido' em seu grandioso esquema teológico-político, não pode render justiça. A prédica aos pássaros, de fato, não é redutível a uma lenda popular nem a uma ação taumatúrgica. Não só o relato revela um simbolismo muito preciso, do qual não restam vestígios na pintura de Giotto, embora esteja explícito em *1 Celano*, 21 (há diferentes pássaros e nem todos, de maneira alguma, são imagens de mansuetude, de almas castas e inocentes. A linguagem de Celano não é a dos *Fioretti* – por mais que esse texto seja alheio a qualquer vago espiritualismo, a ponto de ser amado por um Rozanov. Note-se que Paolo e Francesca também aparecem como pombos – mas aqui também encontramos corvos e gralhas!), mas isso expressa uma nova ideia de natureza em Francisco. Em Dante, não falta apenas a prédica aos pássaros; está ausente o espírito do *Canticum fratris solis*. O poeta Dante é estranho ao Francisco poeta, ao Francisco que pede que *se cante* nos momentos de mais agudo sofrimento – e, se não pelos frades, é atendido pelos anjos. A característica de Francisco de *fazer-se próximo* de todos os seres da criação está presente no *realismo* de Giotto, não no de Dante. Para Dante, real é o itinerário do existir (entendido, evidentemente, como sinal de inteligência e sensibilidade) rumo à Realidade suprema. A natureza, para ele, é o «grande mar do ser», que depende inteiramente do Ser do Criador e a Ele remete. Quando Dante olha a Terra do alto, ela se torna a triste plaga que nos torna ferozes, lugar de nossa «procela»; seu olhar não consegue se deter na beleza visível como dotada *em* si de valor próprio; este se dá n'«aquele ponto» do qual «depende o céu e toda a natureza». Todos os tons de maior afeto pela realidade terrena provêm das almas condenadas; para elas, é doce o ar «que pelo sol se alegra»; para elas, a vida «acima» é «serena», «bela», «alegre». Em Dante, real é a luta para *superar o humano,* na poderosa nostalgia da ideia. Apenas nela a realidade estético-sensível é *salva* – e então torna-se aquela *divina aisthesis,* que marca a cadência do baixo contínuo do *Paraíso.* Se há um momento na *Comédia* em que ele se aproxima daquele sentir a natureza de Francisco, é talvez no canto x, naqueles maravilhosos tercetos que imaginam os «ardentes sóis» dos mais veneráveis sábios girando em festa em torno do poeta e de Beatriz como mulheres «não da dança afastadas».

Falta o *Cântico* – ou melhor, o único cântico é o bíblico de Salomão, grande alegoria da *relatio non adventitia* entre amante e Amado. Falta o sentimento da própria essencialidade do ente, que vibra em Francisco – e o faz cantar e o faz *pazzus* e o faz «menestrel». Há em Dante, de certo modo, o *erotismo do ideal,* próprio dos «santos da sensualidade transfigurada e incompreendida» (Nietzsche, *Fragmentos póstumos,* outono de 1887, 10 [51]), mas a ênfase recai inteiramente no 'ideal', e não no «enamorado, popular poeta» (ibid., 9 [19]). É evidente que nem mesmo o cântico franciscano pode ser entendido 'naturalisticamente'. O amor de Francisco é, acima de tudo, amor pela criatura, ordenado em todas as suas fibras. Não é louvor da criatura, a não ser enquanto *teologia* do louvor, e certamente não é hino a uma beleza 'autônoma' sua. As criaturas são louvadas essencialmente porque, por meio do louvor à ordem perfeita que liga todas elas, é ao Senhor que *se* louva, o qual nessa Ordem louva a si mesmo. Mas igualmente inquestionável é o passo adicional de Francisco: não só nosso louvor se eleva a Ele por meio da *obra* de mediação, diria eu, que é representada pela criação que vemos, como também louvamos a criação pelo louvor *que a própria criação eleva a seu Senhor.* Louvamos a criação na medida em que ela nos aparece como *capaz de louvor.* E não é imagem, não é analogia – para Francisco, trata-se de experiência real. Assim como, para ele, é real o fato de que a criatura possa *corresponder* a seu amor (o episódio do fogo que não *queima em 2 Celano,* 125; *Legenda maior*, v). Ele canta escutando o canto das criaturas. O *Cântico* dá a plena medida da distância entre a espiritualidade franciscana e a gnose cátara.

A natureza inteira aparece *capax Dei.* Não a louvamos simplesmente porque Deus a criou «boa», mas porque escutamos o louvor dela. Na *Exhortatio ad laudem Dei,* isso se faz talvez ainda mais evidente do que no próprio *Cântico*: «Laudate eum caelum et terra. Laudate omnia flumina Dominum... Omnes creaturae benedicite Dominum. Omnes volucres caeli laudate Dominum» – e o louvam principalmente, entre todas as criaturas, os 'pobres': *pueri, juvenes, virgines.* É preciso, sem dúvida, diferenciar o peso específico dos vários sentidos do *cum* e do *per*, em torno dos quais tanto se debateram os filólogos, mas, ao final, o resultado só pode ser um: louva-se junto com as criaturas, sendo o homem criatura, assim como se louva o Senhor *com* suas criaturas, permanecendo nítida a diferença, a *ordem* do louvor, assim como se louva o *Senhor por meio* do louvor às criaturas, assim como se o louva *também por causa* da beleza e da *utilidade*.[16] Todos esses diversos sentidos são indissociáveis; a diferença de sua literalidade transpassa no espírito único do louvor franciscano: o Senhor faz a criatura 'boa' porque capaz, em diferentes graus, de voltar a Ele, de agradecê-lo/louvá-lo. Nós, animais soberbos, não somos os únicos capazes de louvor – aliás, o Senhor não é louvado *pelo* homem, mas apenas por aqueles que o obedecem e o seguem, pelos discípulos do *sermão na montanha*.[17] Não há fogo e fogo, água e água. Toda a Terra é 'boa' e produz bons frutos. O que

---

16 | O *frui Deo* de Francisco não rejeita agostinianamente o *uti* – ele é, sim, pura alegria desinteressada, mas é o próprio Deus que se dá a quem d'Ele frui dessa maneira, ademais, por meio de suas criaturas, como *utilitas* também.

17 | L. Spitzer baseia nesse aspecto sua interpretação do *Cantico* (*Nuove considerazioni sul Cantico di frate Sole*, in Studi italiani, Milão, 1976).

3 | Giotto, *A aprovação* (final do século xii). Basílica de São Francisco, igreja superior, Assis.

4 | *Matrimônio de Francisco e Pobreza*, particular de Alegoria De Pobreza (1315-1320) atribuído ao Maestro delle Vele. Basílica de São Francisco, igreja inferior.

há é o homem que *per-doa* e o homem que morrerá «nos pecados mortais». A pregação é essencial para este último. Na realidade, não se prega às aves, mas sim *com* elas. Conversa, não pregação – conversa silenciosa, culminância de todo brevilóquio. A pregação, no fundo, é sempre obrigada a proceder de mestre a discípulo. E a verdadeira pregação nem sequer se dá pelas palavras, e sim pelo exemplo. Assim, serão as aves do céu e os lírios do campo que, de fato, pregam aos homens! O louvor autenticamente franciscano é aquele em que todas as criaturas se reúnem e se confortam 'pregando-se' reciprocamente. Dante não chega a escutar e entender esse tom da 'pregação'. Mas disso se aproxima, por outro lado, a grande obra de Assis – pelo menos na medida em que ela se afasta da grandiosidade ideal do monumento do poeta ao Santo.

Para ambos, Dante e Giotto, a copla do *Cântico* «por irmã nossa morte corpórea» permanece como que vedada. A morte é nosso *próximo* por excelência e, por isso, não se pode dizer que amamos o próximo se não amamos essa «irmã nossa», se não a convidamos também, como narra Celano, a louvar o Senhor – mas será morte apenas corpórea se o próximo for *amado*. Então morte se torna *morrer*, e o *verbum* 'morrer' ressuscita do 'estado' mortal. Será a morte o 'último inimigo'? Ora, é justamente este o *mandatum novum*: amar o inimigo.

IV

A basílica de Assis é grandiosa igreja pontifical. Sua construção se desenrola inteiramente sob o signo da política romana, antes de Nicolau III e depois de Nicolau IV, primeiro papa proveniente dos Menores, geral da Ordem após Boaventura, o qual autoriza os frades a utilizarem para tal fim as esmolas recebidas. Na última década do século, também tendo em vista o Jubileu de 1300 (e talvez com alguma pressa, o que também explicaria algumas evidentes 'decaídas' em sua execução), todo o ciclo dos afrescos teria de estar pronto. Nicolau IV é responsável por uma linha de entendimento com a outra Ordem mendicante e de pacificação entre as várias correntes dentro dos próprios Menores. A colaboração com Matteo d'Acquasparta é completa, mas mantém boas relações também com os «espirituais». Matteo não «foge» à «dura intenção» de Francisco, como parece soar a condenação de Dante, e tampouco Ubertino da Casale simplesmente a «impõe». No período do grande canteiro de Assis, as relações entre os diversos ânimos da *fraternitas* sonhada por Francisco ainda não haviam explodido, como já terão explodido no momento histórico em que Dante escreveu os versos do *Paraíso*, em guerra fratricida aberta – guerra que terminará nos meados do século XIV, com a destruição quase completa da corrente espiritual. Ubertino pode, sem dúvida, gozar de certa influência mesmo no programa dos afrescos de Assis (o símbolo de sua *arbor vitae* aparece com toda a evidência na alegoria da Pobreza na basílica inferior); o sumo mestre dos 'espirituais', o provençal Pietro di Giovanni Olivi, aluno de Boaventura como Matteo de Acquasparta, leitor em Santa Croce em 1287, onde certamente Dante o terá ouvido, goza de grande influência na Ordem, mas também continua a manter relações com a cúria romana, com o próprio Clemente v, cuja imagem celebra o triunfo de Tomás no afresco de Andrea Boaniuti, em Santa Maria Novella.

O ciclo franciscano de Assis pretende ser uma imagem desse acordo entre, de um lado, a escatologia espiritual – mas depurada dos tons monásticos, que provinham de Joaquim, e de qualquer 'impaciência' em torno da nova era, anunciada pelo evento franciscano – e, de outro, a 'devida reverência' à autoridade papal e à hierarquia eclesiástica. Tal imagem devia representar a solução de todos os conflitos entre *fraternitas* espiritual, cuja ideia os Menores pretendiam encarnar, e ecclesia real, firmemente governada pela autoridade espiritual-política do papa. Nenhuma utopia de *ecclesia spiritualis* – mas, ao mesmo tempo, reconhecimento do papel insubstituível da nova santidade franciscana para a sustentação da *ecclesia militans* em sua luta sempre mais difícil e quase desesperada contra heresias, Império e grandes entidades estatais novas. Acordo frágil, sem dúvida; na verdade, fadado a desmoronar em breve sob o pontificado de Bonifácio VIII, 'o príncipe dos novos fariseus', acusado pelos 'espirituais' de ter urdido a eliminação do *pastor angelicus*, Celestino, acusação substancialmente compartilhada por Dante (*Inferno*, XIX, 56), que no entanto, como se sabe, não nutre nenhuma simpatia por aquele «que fez por vileza a grande recusa». (A condenação de Celestino por parte de Dante, no canto III do *Inferno*, certamente também soa como uma condenação das expectativas que os 'espirituais' e as correntes pauperistas radicais haviam cultivado em relação à eleição do eremita da Maiella e, de modo geral, de sua escatologia, sobretudo na forma que viera assumindo após o definitivo banimento da Ordem tanto de Ubertino quanto de Angelo Clareno, este último uma extraordinária mescla de espírito missionário, vocação ermitã e fidelidade *sine glossa* ao *Testamentum* de Francisco).[18] Sabe-se que Pietro di Gio-

---

18 | Para todos esses episódios culturais, políticos, religiosos e teológicos, ver as pesquisas fundamentais de R. Manselli, reunidas

vanni Olivi também criticara duramente as posições de ambos em relação às autoridades eclesiásticas, e por isso é muito significativo que Dante dirija suas farpas apenas contra Ubertino.

O Francisco de Dante, em suma, certamente não é o dos 'espirituais'. Ele está, providencialmente, com Domingos. E, para Dante, é um grande mérito de Tomás e Boaventura, unidos também no ano da morte, terem compreendido isso. Francisco é exaltado *num concerto* de diferentes vozes, do qual participam inclusive Sigieri e Joaquim, o aristotélico mais detestado pelos 'espirituais' junto com o profeta mais detestado pelos teólogos dominicanos! Significaria isso que Dante teria se reencontrado no itinerário proposto pelos afrescos de Assis? Tão pouco quanto na escolha feita para a predela dos *Estigmas* do Louvre. Apesar disso, não parece evidente que o ciclo de Assis, em seu programa, cores-

---

em *Da Gioacchino da Fiore a Cristoforo Colombo*, Roma, 1997. Sobre a escatologia de Boaventura e Tomás no quadro do debate filosófico entre os séculos XII e XIII, ver T. Gregory, *Mundna sapientia*, Roma, 1992.

ponde à *Legenda maior* de Boaventura, aquela *Vida* que condenara à fogueira todos os outros testemunhos? Não foram extraídas de Boaventura as didascálias que correm sob os afrescos de Assis? E não é Boaventura a voz do franciscanismo na *Comédia*? Sim, mas o Boaventura de Dante, enquanto nas paredes de Assis o que tem voz é, no máximo, sua *Legenda*. E, além disso, até que ponto é mesmo a *Legenda*, e não sua adaptação àquelas exigências religiosas e políticas que haviam mobilizado todo o canteiro de Assis? Só se podem compreender as afinidades e os contrastes analisando a grande obra, talvez tão complexa em termos culturais e teológicos quanto a de Dante nos cantos x-xiii do *Paraíso*.

O *vir hierarchicus*, o serafim, o anjo que porta o selo do Deus vivo, é o protagonista do ciclo. Pelo menos três cenas, para não citar a mais central de todas, a do Alverne, exaltam escatologicamente (e joaquimisticamente) Francisco como o *angelus ascendens* ab ortu solis do *Apocalipse*. São os painéis que representam a visão dos frades tomando Francisco como novo Elias; a visão de frei Pacifico do trono celeste que pertencia ao mais luminoso, Lúcifer, e que agora serve a Francisco; a visão do êxtase de Francisco que, sobre uma nuvem, com os braços abertos em forma de cruz, vira-se para abraçar Cristo, descendo até ele. Em todas elas, vê-se a plena identificação entre Francisco e os seus. Em todas destaca-se o papel ativo da comunidade dos Menores: eles veem, eles testemunham, eles estão sempre com o Santo, inclusive nos momentos supremos. Para o momento mais absolutamente supremo, é o próprio Boaventura quem *dita* a iconografia definitiva: a pouca distância, frei Leone assiste a Francisco (Jesus não precisa de testemunhas para a 'metamorfose' do Getsêmani, Francisco, humilde, precisa. No entanto, estará sozinho outra vez em Santa Croce, como estivera na primeira representação pictórica do Milagre, no quadro de Bonaventura Berlingieri em Pescia). Não é ele que relata – de sua parte, preferiria até calar, como no evento dos estigmas; mas seus irmãos, reunidos na Ordem, que veem, tocam, contam. A vontade de radicar Francisco na comunidade que criou e, dali, na Igreja que restaurou (e que não revoluciona nem espera sua consumação numa *ecclesia spiritualis*), constitui provavelmente o traço dominante de Assis. Ali nenhuma *singularitas* encontra espaço. A eminência absoluta do Santo é tal porque assim é vista, testemunhada, experimentada, provada *per mano*, como na cena do cavaleiro «douto e prudente», mas incrédulo, que se torna fiel testemunha depois de apalpar «aqueles sinais verídicos das chagas de Cristo» (*Legenda maior*, xv).

Até aqui, a leitura dantesca pode parecer substancialmente similar à que orienta o ciclo de Assis. Onde a diferença se patenteia de maneira dramática, o ponto sobre o qual explode a divergência, inclusive por parte dos 'espirituais' e em relação à própria *Legenda* de Boaventura, é a posição que o papado ocupa em Assis. É um Francisco jovem, imberbe e de aspecto muito pouco ascético, segundo um modelo iconográfico que Giotto tornará ainda mais explícito em Santa Croce,[19] que aparece no sonho de Inocêncio III (tendo aos pés

---

19 | Sobre a importância da imagem de Francisco sem barba, ver L. Bellosi, *La pecora di Giotto*, Turim, 1985.

do leito dois cubiculares ou conselheiros barbados, que ressurgirão entre os cardeais na cena seguinte e, inversamente, como simples espectadores em Santa Croce), enquanto sustêm o periclitante Latrão, e Lotário, conde de Segni, outrora autor do *De contemptu mundi* (agora à frente de uma Igreja que extrai sua prosperidade da malícia humana e cujas riquezas provêm das fossas infernais, como escrevia um cronista alemão da época) se precipita para aprovar a Regra. Que as coisas se passaram de maneira muito diferente (mesmo sem citar as fontes mais malévolas, como o beneditino Matteo di Parigi, que narra uma reação do aristocrático Inocêncio não exatamente benévola diante dos *pauperes*: «Ouve, irmão, vai procurar uma récua de porcos... entrega a eles a Regra que compilaste»), é o que dizem as duas Vidas de Celano, em especial a primeira, bem como a *Legenda* de Boaventura, que pelo menos nesse caso, portanto, está longe de ser a fonte para a representação de Assis. A falsidade histórica (que mal chega a ser retificada pelo fato de faltar o selo no papel que Francisco estende a Inocêncio) pretende, sem dúvida, indicar que a Igreja reconheceu prontamente o valor da pregação dos Menores, como seu novo fundamento – e prontamente, inspirada pelo Senhor, deu testemunho do *evento* representado para toda a cristandade pelo sol franciscano. Divergências, conflitos, lutas – tudo esquecido.[20] Mas o que mais importa é 'esquecer' a desesperada resistência de Francisco (e de Clara), porque *não* se tratava de uma verdadeira Regra! Assim como o papa de repente aprova, da mesma forma Francisco de repente tem uma Regra pronta! E o sacrifício e a renúncia maiores, sem dúvida, é o Santo que, nas imagens de Assis, precisa suportar. É para ele que a *forma vitae* deveria valer *além* de qualquer forma – assim como o entendimento, o colóquio entre *irmãos*, deveria acontecer além de qualquer expressão verbal (como se-

---

20 | «A operação inversa à realizada por alguns 'companheiros', sobretudo pelo frei Leone» – querer cancelar os debates nascidos em torno da nova formulação da Regra e os conflitos no interior da Ordem (G. Miccoli, *Francesco d'Assisi*, cit., p. 293)– parece-me executada em Assis de maneira bem mais transparente do que na *Legenda* de Boaventura.

rafim, Francisco podia *enxergar* os pensamentos dos outros. Seu amor lhe permite identificar-se com o outro, deixando-o ser ele mesmo em sua inteireza). Seu *Testamentum* o demonstra: «Et non dicant fratres: Haec est alia regula, quia haec est recordatio, admonitio, exhortatio et meu testamentum, quod ego frater Franciscus parvulos facio vobis fratribus meis benedictis». Em Assis, glorifica-se um Santo que aspira a *regrar* a própria vida – assim invertendo o sentido mesmo da mensagem originária, que certamente consistia em 'solver' em *vita* evangélica toda e qualquer 'lei'.[21]

Vimos em Dante o papel central desempenhado pelo tema da pregação (*magistral*, porém, e nesse aspecto análoga à do douto Domingos). Neste ponto, também, a «dissonância» com Assis é gritante. Aqui a cena com o Sultão[22] perde toda a fecundidade polêmica que

---

21 | Sobre a relação entre «ordem» e vida no monasticismo, há páginas importantes escritas recentemente por G. Agamben, *Altissima povertà*, Vicenza, 2011.

22 | Sobre a missão de Francisco na Terra Santa, ver os estudos recentes de F. Cardini, *Francesco e il sultano. La storia e il messaggio*,

possuía no poeta (pregação como, no limite, martírio ou, de todo modo, missão pacífica, jamais cúmplice de uma violência subjugadora), para se transformar em desafio entre taumaturgos – o desafio de Francisco aos magos do Sultão, que se retraem impotentes. O Francisco da religiosidade popular, o Francisco dos milagres, que aos poucos, ao longo do século XIII, assumem peso cada vez maior na formação da lenda, desempenha, ao lado da figura do *ekstatico*, o papel fundamental no ciclo de Assis: o exorcista da expulsão dos demônios de Arezzo, o milagre da fonte, a série dos *miracula post mortem*, que ocupam toda a parte final da *Legenda* de Boaventura. É uma dimensão ignorada por Dante, para quem valem *ad abundatiam* as palavras de Celano: «Propusemo-nos narrar não tanto os milagres de Francisco, que mostram, mas não constituem sua santidade, e sim o espelho de sua vida exemplar». Mesmo em Assis, Francisco prega com as ações – mas essas ações são es-

in 2, Bolonha, 2009, e de Chiara Frugoni, *Francesco e le terre dei non cristiani*, Milão, 2012.

sencialmente *miracula*. Na cena do presépio de Greccio, quando Francisco como que *ressuscita* espiritualmente Jesus (e mesmo nesse caso são os outros que veem o evento, que têm a «admirável visão» do menino que aparece na manjedoura), Francisco 'já' abandonou o púlpito (espantosa arquitetura, como o baldaquim sobre a manjedoura – como todos os edifícios que são representados no ciclo: 'homenagens' a Arnolfo, prefigurações do Giotto arquiteto!). Assim, na cena do capítulo de Arles, o pregador é Antonio; Francisco aparece como advertência silenciosa, figura crucificada, anúncio da cena imediatamente posterior, a do encontro com *Christus sub specie Seraphi* «na nua pedra» (é Boaventura quem 'decide' a identificação do serafim com Cristo – ou melhor que apresenta a figura do anjo como o 'meio harmônico' entre Cristo e Francisco).

O único painel que representa Francisco como pregador – além, naturalmente, da chamada prédica aos pássaros, que não é propriamente uma pregação, visto que Francisco não prega, mas convida os pássaros a recitarem juntos os louvores (*Legenda maior*, VIII, 9) – é o do encontro com Honório III (a Regra, como vimos, simula já ter 'sinete'). Aqui, Francisco está de pé, diante do papa sentado entre os cardeais. Apenas o pontífice se veste como Inocêncio na cena da aprovação; os cardeais assistem humildemente, usando túnicas monacais. Honório se concentra em ouvir; os demais estão absortos; apenas um, sentado à direita do papa, parece se surpreender às palavras do Santo e o fita admirado: é o cardeal de Ostia, Ugolino, o futuro Gregório IX, que canonizará Francisco menos de dois anos após sua morte. Celano, na *Vita prima*, narra essa prédica com grande vivacidade (pela alegria que lhe despertam suas próprias palavras inspiradas, Francisco «também movia os pés quase saltitando») e o episódio reaparece na *Vita seconda* e em Boaventura. Mas, no painel de Assis, a cena representa não tanto a oração de Francisco, e sim sua solicitação a Honório para obter um cardeal protetor para a Ordem, já abalada por gravíssimas lutas internas. Francisco prega pela proteção e por isso indica a si mesmo levantando a mão direita; cita o nome do cardeal Ugolino, que se mostra surpreso com a solicitação, enquanto Honório a avalia com o máximo cuidado. Não se trata, portanto, de uma prédica edificante à corte pontifical, mas de uma prova de *humilitas* (e de capacidade política) por parte daquele Santo, daquele 'paladino', que Inocêncio vira sustentando o Latrão. Mesmo nesse caso, o 'uso' da *Legenda* de Boaventura em Assis se mostra bastante 'livre' e, de todo modo, sempre unilateralmente empenhado em situar Francisco no eixo de sua Ordem, enquanto efetiva *ordem* para todos os fins, e, como perfeito *humilde*, na ordem universal da Igreja.

Mas é nas cenas conjuntas do Alverne e do transpasse que a imagem do Santo perde em Assis as tonalidades mais ásperas. *Decide-se* agora por aquela iconografia de Francisco que elimina seus traços mais extraordinários e paradoxais, que permite sua inclusão numa ideia 'geral' de santidade. Tarefa nada fácil com base no relato de Boaventura – relato de surpreendente realismo: logo após a visão do serafim, Francisco vê aparecerem não os sinais, mas os próprios cravos nas mãos e nos pés. «As cabeças dos cravos despontavam da parte interna das mãos e da parte superior dos pés, e as pontas pela parte oposta. As cabeças eram redondas e negras; as pontas, por sua vez, alongadas, dobradas para trás e como que rebatidas. Saíam da própria carne, despontando sobre o resto da carne» (xiii, 3). Aqui o serafim, mais do que 'abençoá-lo' com sinais de luz, realmente crucifica Francisco numa trama como que de pura contemplação, como parece ocorrer no perfeito equilíbrio da pintura de Assis.

E assim como faltam os *cravos* fincados em sua carne, cuja imagem retorna com destaque no relato do transpasse (*Legenda maior*, xv, 2), falta também seu corpo *nu* deposto na terra nua, despojado da veste de pano grosseiro («assim não tendo à beira da morte» nem mesmo aquele bem, *2 Celano*, 163. De Jesus tiraram as roupas; ele se ergue *nu* na cruz: tal é a visão que Francisco tem em seu espírito). Nessa cena em Assis, também pictoricamente estática, num jogo de simetrias elementares, muito distante da dramaticidade da mesma cena na capela Bardi, Francesco aparece recomposto, inteiramente envolto no hábito, e não estendido na terra nua, como havia determinado. É uma cena de pranto, mas não de *luta*. Ao contrário, tem-se também em Boaventura: «Quando foi conduzido até lá [Porciúncula], para demonstrar que, a exemplo de Cristo, nada tinha em comum com o mundo, durante aquela doença tão grave que pôs fim a todas as suas penas, prostrou-se com fervor de espírito, inteiramente nu na terra nua: assim, naquela hora extrema em que o inimigo ainda podia desencadear sua ira, poderia lutar nu com ele nu» (XIV, 3). Falta o corpo sofredor, martirizado de Francisco; faltam os cravos na carne; falta o agon trágico de sua existência *contra* e *com* a Igreja, sua própria Ordem e o *mundo*. Falta a labuta que acompanha a conversão: Francisco aparece aureolado desde o primeiro momento, desde a cena do 'homem simples', que estende a seus pés um pano alvo, como convidando-o a ali escrever sua história. A existência anterior («Eis este homem a viver no pecado com paixão juvenil», *1 Celano*, I, 2), o drama da *guinada*, o imprevisto e precipitado retorno de Spoleto ao chamado do Senhor – tudo isso se percebe talvez apenas como distante pano de fundo na cena do Christus *patiens* que lhe fala em San Damiano. Falta o *sinal primeiro* da conversão de Francisco: o encontro com o leproso, o encontro com o verdadeiro *próximo*, aquele que de início, quando surpreende outro alguém inesperadamente na estrada, enche-o de *horror* e se torna fonte de admiração e alegria apenas ao preço da vitória sobre si mesmo. No entanto, o valor decisivo desse encontro é relembrado no próprio início do *Testamentum*: «Et ipse Dominus conduzit me inter illos et feci misericordiam cum illis».[23] Há *humilitas* em Assis (e obediência, ainda mais); há o selo do *alter Christus*, mesmo que os cravos tenham sido piedosamente removidos; há os *miracula*; mas é 'esquecido' o corpo nu, em chagas, na terra nua, *bem como* o canto dos irmãos que o saúdam (mas que são também os mesmos que o traem, que erguerão suntuosas moradas sobre seu corpo nu, logo após sua morte); 'esquecido' o leproso; 'esquecida' a cura do doente; 'esquecidos' os momentos de sofrimento, lágrimas, desespero, luta, descritos tam-

---

23 | É precisamente do espírito do *Testamentum* que tanto Boaventura quanto o ciclo de Assis se afastam de modo drástico.

bém por Boaventura, que paradoxalmente se unem em Francisco ao som da *hilaritas*. Ninguém mais do que ele vivera devastado pelas doenças e pela dor – ninguém mais do que ele vivera desejoso de cantar, de louvar *com alegria*, de *dançar* pregando. E não poderia ser de outra maneira, pois a verdadeira, a clamorosa ausência em Assis é a de Pobreza.

V

Aqui também se encontra a maior diferença com a representação dantesca. A simbologia de Dante dificilmente se casa com a figura viva da santidade franciscana, ainda que *Paupertas*, como vimos, constitua seu caráter-destino. Ela é exaltada *entre* as outras virtudes na basílica inferior, e no ciclo da basílica superior aparece somente, digamos assim, como pressuposto tácito. Aqui triunfam apenas *humilitas* e *obedientia*. *Paupertas* não se impõe, não marca. Aliás, sua imagem às vezes é abertamente refutada. Se sua profunda relação com a *hilaritas* e o canto de louvor e alegria não vem explicitamente representada em Dante, em alguns dos painéis mais belos de Assis, onde talvez também se faça mais evidente a mão de Giotto (a prédica aos pássaros, o milagre da água), ouve-se esse canto, mas como que de longe, como se pudesse 'superar' a imagem crua e ao mesmo tempo feliz da pobreza. O paradoxo franciscano, ao qual voltaremos na conclusão, não aparece – a tensão vital entre seus termos se desfaz. Não há nada de 'pobre' na imagem do cavaleiro a quem Francisco oferece o manto. (Pense-se, em contraposição, na mais alta e dura representação de pobreza e misericórdia que se encontra na história da pintura: a esmola de Pedro, de Masaccio, na capela Brancacci) Não há nada de «pobre» em Greccio. E francamente rico é o encontro último com Clara, em que as mulheres saem de uma maravilhosa catedral arnolfiana, já harmoniosamente construída segundo as medidas do Giotto arquiteto. Abandonaram o paupérrimo local de San Damiano, assim como Francisco já não ocupa nenhum tugúrio («e eram felizes aqueles empenhadíssimos desdenhadores das belas moradas...», *1 Celano*, I, 16; *Legenda maior*, IV, 3). Escolhas iconológicas precisas, 'destaques' visados pelo próprio Boaventura, e justamente em torno da questão fundamental: o significado da pobreza franciscana – escolhas a que aderem os mestres que compõem o ciclo, e sem dúvida entre eles Giotto. O compromisso entre *forma vitae* franciscana e teologia política romana, entre sinal escatológico e religiosidade popular, entre a 'singularidade' de Francisco e a *ordem* tutelada pela autoridade pontifícia, de fato constitui o fundo histórico-social dos grandes projetos artísticos e arquitetônicos da nova era, das grandes igrejas franciscanas e dominicanas que, em mútua rivalidade, vão se erguendo por toda parte entre o Duzentos e o Trezentos. As *historiae* franciscanas são um fator essencial do espírito da época, do *Zeitgeist*, mas devem poder ser representadas nas paredes dessas igrejas sem 'escandalizar', com medida, *em perspectiva*. Seus tons mais dilacerantes e dissonantes – o leproso, aqueles cravos, a imagem *sine glossa* e realmente encarnada de *Paupertas*, como expressá-los naquele novo vernáculo ilustre, que deve ser «omnibus comune nec proprium ulli», digno de ser falado nas cortes e nas cúrias, teorizado por Dante em *De vulgari eloquentia*, I, 18? Nem em Dante, com efeito, tais cenas encontram lugar. Mas em Dante, no exilado de todas as cortes e cúrias, por meio das palavras de Boaventura, são desmistificadas as pretensões pacificadoras e hegemônicas da Igreja de Inocêncio e de Honório, que se estendem até Nicolau IV, e as vicissitudes da Ordem dos Menores agora são consideradas do ponto de vista da crise que a assola depois de Bonifácio. É por esses mesmos motivos que Dante exalta o retorno à ideia pura, originária, da pobreza de Francisco. É a tragédia da derrota que regenera no poeta a ideia de pobreza – ao passo que, em Giotto (aqui e em Santa Croce), ela pode ser enunciada na métrica da *comédia*: sua *historia* termina bem – seu final feliz ocupa o centro da representação. Na grandiosa cena do Céu do Sol, Tomás e Boaventura pregam, pelo contrário, o fracasso daquela concórdia pela qual haviam lutado, ainda que por caminhos diversos. Ela é pintada e 'simulada' em Assis, mas ao preço de ocultar os fundamentos para que se a amasse e buscasse: o significado essencial da pobreza e da misericórdia, e de sua necessária e paradoxal *relatio* com a alegria, o júbilo, a *hilaritas*. *Relatio* que nem mesmo Dante percebe em toda a sua profundidade e excepcionalidade.

Então se impõe a pergunta: *quid est paupertas?* Uma alegoria? E como tal representável? É o que ocorre na basílica inferior: eis uma grande e nobre mulher, que se ergue entre os espinhos, mas sobre o fundo da *arbor vitae*, e estende a mão a um jovem e angélico Francisco, *Christo benedicente*. Sua roupa é rasgada e remendada (à diferença do burel de Francisco); seu aspecto é austero, mas nada tem de jovem ou feliz. Aqui, o desprendimento do mundo soa essencialmente como renúncia e sacrifício. Em Dante, aquele «alegrar» que «se perpetua» (*Paraíso*, x, 148) mal transparece na imagem das núpcias entre «esses amantes» e no afluir dos frades até a esposa, tanto «agrada» ela. Mas o tom fundamental, mesmo no poeta, é dado por aquela condição «desprezada e obscura», «sem convite», em que ela fica abandonada, viúva inconsolável, por «mil e cem anos». Por qual razão deseja-a, ama-a Francisco? Podemos responder perante seu retrato em Giotto e Dante: porque é *bela*? Percebemos na *laetitia* do Santo uma energia que ultrapassa qualquer alegorismo e qualquer motivo teologicamente argumentado. Não se trata de responder à pergunta sobre a essência da pobreza. A pobreza existe nessa figura de amante. A autêntica pergunta é: quem és tu, Francisco, *pauper*? Quem és tu, que no querer ser pobre encontras a ti mesmo, a ponto de te dizeres e te fazeres o menor de todos? Tal é o escândalo franciscano – 'resolvido' teologicamente por Tomás e Dante; quase 'removido', em visível polêmica com as correntes pauperistas, em Assis.

E que o próprio Giotto participou cultural e artisticamente de tal operação é algo que, por assim dizer, consta dos anais. Basta lembrar sua canção, publicada em 1927 por Chiappelli, sem dúvida pertencente ao período de plena maturidade, ou seja, posterior à bula de João XXII contra os 'espirituais' (1323), na qual fica explícita a polêmica contra qualquer exaltação da virtude da senhora Pobreza. Isso em nada afeta o discurso que se fazia sobre o papel essencial da espiritualidade franciscana na própria formação do novo vernáculo artístico em todas as disciplinas. Giotto dá a seus filhos os nomes de Francesco e Chiara! Estamos diante de retratos diferentes, muitas vezes opostos, do mesmo enigma, do mesmo misterioso sinal dos tempos – retratos que, apenas em sua *concordia discors*, podem se aproximar da pergunta: quem és tu, Francisco, *pauper*?

VI

Pobre é aquele que ama Pobreza como seu próprio ser. Tomás, o dominicano, conhece seu significado 'elementar' – mas Boaventura, em Dante, desvenda-lhe outro, bem mais profundo e inquietante. Tomás conhece Pobreza apenas junto com Castidade e Obediência, exatamente como o Giotto da basílica inferior; conhece-a não como um bem em si, mas essencialmente enquanto *livre* dos *impedimenta* que nos mantêm presos aqui *embaixo* (*Contra gentiles*, III, 132-33). E assim interpreta o *sermo in monte*: pobreza não é senão o termo geral com que indicamos a decisão que Cristo exige daqueles que pretendem segui-lo: vai e vende tudo. A pobreza insiste na dimensão da renúncia, pressuposto necessário da obediência. É um meio, ainda que o mais fecundo, para poder segui-Lo. Não é *a esposa*, a amante que se ama pelo 'alegre semblante', incomparavelmente mais bela, mais elevada e mais amada do que qualquer outra virtude.

Nem mesmo o insistente martelar, a invectiva contínua contra o dinheiro e toda forma de propriedade explicam a razão profunda pela qual a pobreza pode aparecer como a mais excelsa glória, «illa celsitude altissimae paupertatis» (*Regula bullata*, vi), e apenas *nela* alguém se pode dizer *herdeiro*, não apenas filho ou amigo, mas precisamente aquele que com o Pai e do Pai renasce. Por si só, a condenação da força corruptora, contaminante, alienante do dinheiro, nessa época de afirmação dos novos poderes comerciais e financeiros urbanos, é um *topos* recorrente em todos os movimentos religiosos que pregam a 'reforma' da vida apostólica. As ligações do franciscanismo com tais áreas são claras e muito conhecidas; mas também deveria sê-lo a radicalidade muito específica com que Francisco revive seu motivo central: a pobreza. O significado que ela assume em Francisco está contido naquele «pneumati» que o acompanha na primeira Beatitude: «Beati pauperes spiritu», pois apenas eles são objeto da ação divina, apenas eles estão em relação com o Senhor *segundo* o *espírito*, e por isso apenas eles herdarão o *Reino*. Dos pobres é o *Reino*.

Aqui se expressa um princípio incomparável a qualquer ideia 'cavalheiresca' de defesa ou proteção do pobre, de renúncia aos bens ilusórios do mundo, e, ainda mais, a qualquer polêmica simples contra a riqueza, enquanto regaço sempre fecundo de avareza e inveja. O anúncio misterioso das Beatitudes, poderosamente reouvido por Francisco, é o da *eleição* do *ptochós*, do pobre. Não mais a figura daquele que, não possuindo absolutamente nada, fica à mercê de todos, encolhido no canto (como ressoa no étimo do termo grego), e sim do herdeiro da *basileia ton ouranón*. A conotação social do termo passa por uma transfiguração total, mas sem nunca se perder. Pobre não é o necessitado, aquele que tem falta-de, mas, pelo contrário, o *teleios*, o perfeito, aquele que imita o Filho com *perfeição*. Ou seja, para Francisco, o cristão. *O cristão ou é pobre ou não é cristão.* O cristão é mendicante, como é *peregrinus et advena*. Aquele que, no próprio ser assim, encontra sua perfeição ou plenitude. Seu Reino será lá onde finalmente os pobres desaparecerão? Não, de maneira nenhuma; será lá onde o Pobre triunfa, manifestando a *altissima celsitude* de sua condição. É por isso que Francisco expõe *regiamente* sua «dura intenção». Ela é «intenção» do Reino; pobreza é vontade de conquistar o Reino. Pobreza é a «violência» de quem quer o Reino. Apenas o pobre é realmente *potente*.

Abrem-se, a esse ponto, perspectivas que se relacionam profundamente com o significado que a figura de Francisco vem a assumir para o próprio pensamento contemporâneo (antes mesmo da grande ressonância obtida pela publicação da *Vida de são Francisco de Assis*, de Paul Sabatier, em 1893). Desde o Rilke do Stundenbuch, cuja terceira parte (1903) desenvolve a ideia da 'irmã Morte' (da *grande Morte*, aquela da qual podemos dizer *nossa, singular*), *esposa* de Pobreza (da Pobreza que é plenitude de experiência, liberdade do supérfluo, e não falta-de-posses e ainda menos 'mendicidade', como parece entender Harnack em *A essência do cristianismo*) – ao jovem Lukács de *Von der Armut am Geiste* (1912) – até o Heidegger mais 'saturnino', colhido no auge da catástrofe, comentando Hölderlin nos porões de um castelo onde seu seminário se refugiara. Para todos, podemos dizer, pobreza significa abrir-se à relação com o *necessário* – libertar-se de tudo o que não é necessário e, por isso, *não carecer de nada*.[24]

Mas talvez, pelo menos para a literatura alemã, a inspiração fundamental para o desenvolvimento do tema venha de Nietzsche. Depois do «homem mais feio» – o homem que se envergonha de si mesmo, mas detesta a ideia de ser-compadecido e por isso saúda a morte de Deus, de quem *via tudo*, d'«esse curioso em excesso», como uma libertação –, Zaratustra encontra «o mendicante voluntário», «por cujos olhos falava a

---

24 | M. Heidegger, *Die Armut*, in *Heidegger Studies*, 10, 1994.

bondade em pessoa». E percebe a *proximidade* com essa figura como máximo perigo para sua missão. O mendicante voluntário é aquele que sabe por experiência como é mais árduo dar do que receber, sabe que «bem dar é uma *arte*, e a suprema»; além disso, compartilha com Zaratustra a náusea perante a «avidez cúpida, inveja biliosa, rancorosa sede de vingança, orgulho de plebe». Sabe que os ricos são hoje «prisioneiros da riqueza» e os pobres *plebe*. «Plebe em cima, plebe embaixo! O que hoje quer dizer 'pobre' e 'rico'!» A *Paupertas* de Francisco se mantém *in-audita* – e apenas na solidão, entre os animais, ele a prega. Mas os animais de Nietzsche são outros – rejeitam a mansuetude dos de Francisco. São águia e serpente. Aqui a separação, violenta. Mas, pensando bem, é uma separação fruto de um equívoco essencial: Nietzsche reduz Francisco à medida do 'compassivo' e não o entende como, pelo contrário, expressão daquele *amore grande*, que supera «*Vergebung e Mitleiden*, perdão e compaixão», aquele amor que se oferece *aos próximos*, não para reconfortá-los, consolá-los ou 'deixá-los em paz', mas para transformá-los. Aquele amor que exige a *conversio* do amado – que quer «criar o que ama» (*Zaratustra, Dos compassivos*). Mas esse *além* do amor é profundamente semelhante àquele que assume corpo e voz no apelo franciscano à *pobreza*. (Poderíamos dizer que aqui se encontra a mesma extrema proximidade e extrema distância, o mesmo entrelaçamento de essencial *sim-patia* e radical mal-entendido, que se mostra evidente na relação de Nietzsche com a figura de Jesus.)

Passemos agora à 'reconstrução' da ideia franciscana de pobreza – tarefa nada simples, pois toda leitura 'teológica' corre sempre e inevitavelmente o risco de trair a vivacidade com que Francisco a *vive*. No entanto, é preciso tentar, diante da infinidade de interpretações equivocadas a que ela deu lugar. Celano, numa passagem importante da *Vita prima*, apresenta a *violência* com que Francisco, mesmo já no limite de suas forças físicas, procurava uma perfeição sempre mais elevada, a *teleia agape*; parecia-lhe sempre estar ainda no início de seu itinerário, de ter de *começar de novo* todos os dias (*1 Celano*, II, 6). Apenas voltando constantemente à origem, «à primitiva obediência», parece possível cumprir o *improbus labor* de remover qualquer interposição entre si e Cristo. Mas o que significa «primitiva obediência»? Certamente abandonar tudo; certamente obedecer ao Logos vivente, despojar-se de tudo e segui-lo, até poder dizer: «se alguém vem a mim e não odeia seu pai... não pode ser meu discípulo», *Lucas*, 14, 26 – que é a passagem evangélica que Francisco 'cita' *separando-se* do pai terreno, do princípio que acorrenta à terra e, como logo veremos, ao si.

Tudo isso evoca um sentido mais profundo de pobreza. Perfeitamente obediente é Adão antes do pecado; perfeitamente pobre é ele – que tudo tem no Senhor. Ressoará no timbre franciscano de pobreza essa ideia de restauração do estado edênico? Francisco será 'originariamente' *alter Adam*, mais do que *alter Christus*? Num texto que não posso conceber que Dante desconhecesse,[25] *Sacrum commercium sancti Francisci cum Do-*

---

25 | Que Dante não o conhecia, é o que, inversamente, afirma U. Cosmo, num ensaio aliás muito bonito, *Com Madonna Povertà*.

mina Paupertate, a Pobreza começa no próprio Paraíso terrestre a narrar sua aventura, à espera do cavaleiro sem mácula que a recolocará em seu trono. Mas, a mim, esse motivo não parece fundamental, em absoluto. A ideia de Paraíso não se configura nem em Francisco, nem em Dante, nem na força figurativa de Giotto, como nostalgia das origens. Para todos eles, a *beatitudo* futura se representa em termos de radical *novidade* em relação ao estado edênico.

Na mística franciscana, a ideia central é antes aquela que liga pobreza e *kenosis*. É nesse sentido também que avança o *Sacrum commercium*. Por amor a Pobreza, o Senhor deixou todas as ordens celestiais e desceu ao barro e à lama, às trevas e às sombras da morte. E Pobreza retribui esse louco e gratuito amor não o abandonando jamais, seguindo-o até a cruz. Amar a pobreza, assim, assume o significado de repercorrer com tenaz perseverança, vencendo a repugnância que o desagradável aspecto de nossa Dama desperta ao pri-

Studi francescani, Bari, 1940.

meiro encontro, o caminho da encarnação do Logos até chegar à contemplação das «verdades eternas», que guardam o mistério desse caminho (*2 Celano*, 50). A imitação de Cristo, portanto, comporta a imitação da dinâmica *kenótica*, do esvaziamento de si, que move a *Deus Relatio*. O despojamento dos bens mantém uma relação de analogia *atributiva*, isto é, numa proporcionalidade real, com a *kenosis* divina.[26] Esse parece ser seu significado teológico decisivo. A única relação *própria* entre homem e Deus que lhe é dado conceber funda-se em suas núpcias indissolúveis com Pobreza. Fora dessa *relação real* há apenas misericórdia, boas ações, alegorias ou metáforas. É pelo evento 'histórico' de ter-se o *Esse* divino feito absolutamente pobre que a existência humana, sua *história*, pode tornar-se *verdadeiro ícone*.

---

26 | Sobre o conceito de analogia no aristotelismo medieval e em Tomás, caberia aqui iniciar uma longa exposição. Posso apenas remeter às páginas que E. Melandri dedica ao tema em sua obra-prima, *La linea e il circolo. Studio logico-filosofico sull'analogia*, Bolonha, 1968 (agora em nova edição, com um ensaio introdutório de G. Agamben, Macerata, 2004).

Mas esvaziar-se de quê? De um manto? De algum bem? Com que coisa se depara entre o gesto quase imediato do despojamento diante dos poderes terrenos, entre a libertação do fardo que impede de «correr» nas pegadas de Jesus, e essa suprema imitação: ser pobre pelo modelo da *kenosis* divina? O *pró-blema* mais árduo: o esvaziamento do *Si*. Não se conquista a excelsa montanha da pobreza antes dessa passagem. *O bem que Jesus diz para abandonarmos é nossa* 'posse' mais ciosa, aquela que com maior tenacidade defendemos contra tudo e todos – nossa *psyché*. É ela que pensamos ser nossa 'substância' irrenunciável. Está para nós no centro de todos os outros bens ou valores. Podemos renunciar a tudo *por ela* – mas renunciar a *ela* parece sobre-humano. E é exatamente isso, porém, que, na radicalidade de seu querer retornar às origens do *Verbum* evangélico, Francisco exige (mas sem querer impô-lo a ninguém). Tal como Deus se esvaziou do Si divino, assim também deves fazer-êxodo, até *odiar* qualquer *philopsychia* (*Lucas*, 14, 26), libertando-te de ti *mesmo*, daquilo que consideras teu bem mais seguro: «Qui vere pauper est spiritu, se ipsum odit et eos diligit qui eum percutiunt in maxila» (*Admonitiones*, XIV).

Há o vestígio de um último e talvez extremo passo no caminho de *kenosis* e *humilitas* de Francisco, um passo que, sem dúvida, Dante e Giotto nem sequer vislumbram. Ele é expresso no 'grande grito' de Jesus na cruz, o grito do *abandonado*. Pobreza radical é o ser--abandonado, *Gottlosigkeit*, a angústia que assalta no encontrar- -se *vazio de Deus*. Pois em tal vazio apenas o amor por Ele alcança um limite insuperável, isto é, faz-se verdadeiramente infinito. Não é a esse extremo da *celsitudo* de Pobreza que alude toda a vida de Francisco? Ela parece se desenvolver como uma irrefreável representação de *1 Coríntios*, 4, 12-13: «insultados abençoamos, perseguidos suportamos, caluniados confortamos; tornamo-nos a escória do mundo, o refugo de todos». Francisco crucificado não é concebível sem o grito da nona hora.

Mas o verdadeiro pobre, o *verdadeiro nu*, não se esvazia em si *do Si* apenas para poder acolher perfeitamente o Senhor, imitando-o. A dinâmica *kenótica* é acolhida do outro, em todos os semblantes com que vem *contra* nós. O esvaziar-se de todos os *impedimenta* exteriores, até o despojamento do *Si*, só vale se for por *amor*. Não se 'odeiam' os bens terrenos por sua vaidade, fugacidade e inconsistência. Esta seria ainda a atitude do sábio. E tampouco se renuncia a eles pela paz da contemplação. Fazer-se pobre significa *libertar-se* para poder amar perfeitamente. Existir apenas na relação com o outro, no *êxodo* até o outro, sem ser retido por nada *em si*. Pobreza, então, torna-se riqueza de experiência, e *também curiositas* – o contrário de todo *contemptos mundi* –, a condição indispensável para poder acolher em nós todas as faces, todos os encontros, todos os entes *sub specie aeternitatis.* Ao longo do caminho, da *experiência* da pobreza, que parecia apenas abandono, sacrifício, renúncia, *renasce* o mesmo si, mas como novo evento, rico de um novo olhar sobre a realidade – um olhar que concebe qualquer fio de existência como um *próximo* sempre como tal e, por isso, impossuível.

A pobreza é *kenosis* no sentido radicalmente contrário a qualquer vontade de aniquilamento.[27] Significa despossuir-se de tudo para ressurgir com e para todos os entes. A mística franciscana é amor re--criante, não *de-creatio*. E então entende-se também o fundamento do imenso papel que ela desempenha na renovação das linguagens artísticas. Para realmente 'ter' e poder representar 'nosso' mundo, é preciso *de--habere*, despossuir-se de tudo o que não 'temos' por

---

27 | A esse respeito, seria preciso abordar o problema do confronto entre a ideia franciscana de pobreza e a que se delineia, com poderosa «lógica» mística», no dominicano Eckhart. O serão *Dilectus Deo et hominibus* mostra, sem dúvida, a veneração que mesmo o grande mestre nutria pelo *pazzus* de Assis, mas a distância se mantém enorme. Tanto no sermão citado quanto no fundamental *Beati pauperes*, *o ser-pobre* coincide com a radical solução do ser-aqui no Ser e, ademais, no *além* do Ser. Assim, perfeitamente pobre não é apenas quem considera todas as coisas como nada, mas quem consegue se libertar do próprio Deus-Ser. É, com toda a evidência, o contracanto da mística franciscana (e, com ainda maior razão, da dantesca e da «figurativa» de Giotto). Mas é essencial ter em mente a posição eckhartiana para compreender a perspectiva que se inaugura com Francisco (e Francisco está para Eckahrt como Clara está para Margherita Porete).

puro amor. Não se 'tem' o que se ama – o que se ama jamais será possuído, reificado em coisa possuída. Não se 'tem' realmente senão na experiência vivida da pobreza. *Celsitudo paupertatis*, portanto, não se alcança pela simples renúncia, nem na simples figura do *peregrinus*. *Paupertas* é energia atuante: a força que *vai* ao amado, que descobre o novo rosto do ente como impossuível e indestrutível. Pobreza é energia que nada inveja, nada quer 'à disposição'. Pobre não é o necessitado, aquele a quem falta, mas sim aquele que tudo 'tem' como irmão e irmã, isto é, *sem ter*, que de tudo goza, no sentido do *frui Deo*. Pois é digno de ser amado apenas aquilo que manifesta seu ser como encarnação do ser divino. A experiência da própria pobreza equivale à experiência da divindade do ente, a experiência mais plena e mais rica que é dado ao homem imaginar. Miséria de experiência é, inversamente, a riqueza de haveres. O caráter decididamente catafático da mística franciscana só se torna compreensível nesse contexto. Os nomes de Deus formam, para Francisco, uma coroa de analogias realmente atributivas: Deus é *amor, caritas, sapientia, humilitas, pulchritudo, custos, defensor noster...* (*Chartula fratri Leoni data*), pois em sua *kenosis* deu-se integralmente à criatura, dando a ela renascer com Ele na forma análoga da pobreza. Esses nomes são inesgotáveis e, por isso, a nomeação será sempre *aproximação* – mas ainda pregam realmente a face do divino voltada para nós, enunciam realmente a *kenosis* divina como movimento e energia amorosos. Esvaziando-se de seu Si divino, o Senhor *deixou* o mundo *ser*. Da mesma forma, o pobre é aquele que, amando e porque ama, *deixa ser*. O pobre quer *salvar* em si o ente, seu próximo, e não julgá-lo. *Não julgar* é o primeiríssimo mandamento de Francisco – mas tampouco basta 'não julgar', 'não condenar'; é preciso cuidar de não se irar, não se perturbar «propter peccatum alicuius» (*Regula bullata*, VII). *Retirar-se* da soberba do poder julgar é *mostrar* seu ser-pobre, à imagem do Pai – e é um gesto, tal como o Dele, de misericórdia *criadora*.

Outro passo torna-se então necessário. O mais alegre e, ao mesmo tempo, mais difícil. Se pobreza significa tudo isso, se pobreza significa *communio* com a totalidade dos entes *livre* da cadeia do possuir e do depender, e *communio* com Deus enquanto Ele mesmo *humilitas* suprema, suprema energia doadora, sua imagem deve coincidir com a da esposa do *Cântico* de Salomão, 'despojada' até de qualquer tom nostálgico. Ou seja, *paupertas* deve aparecer perfeitamente *hilaris*. Quem realiza obras de misericórdia, que o faça «en hilaroteti» (*Romanos*, 12: 8). Mas como é possível imaginar em alguém o riso teologal de Beatriz, que certamente não se afigura 'pobre' no *Paraíso*, os indizíveis sofrimentos de Francisco e a alegria do menor, do ínfimo, do *pauper*? Este é o 'imperativo' mais árduo a seguir. Mas Francisco não tem dúvidas: o menor *deve* ser alegre. Se seu rosto não exprime a perfeita *hilaritas*, ele não é verdadeiramente pobre: «omnes fratres... debent gaudere», e precisamente quando se misturam a «infirmos et leprosos» (*Regula non bullata*, ix); atentem bem os frades para não andarem por aí tristes «et nubilosos», mas que sempre se mostrem «se gaudentes in Domino» – ou seja, como aqueles *capazes de 'fruir' Deus* (ibid., vii) – e levem os homens a amar Deus «cum gaudio et laetitia»

(*Admonitiones*, xx). Jamais esqueçamos, em suma, que o verdadeiro cristão, que seja *hoje* 'habitado' por Cristo, hoje está com Ele no Paraíso – e sua alegria, por isso, já deverá se manifestar na *terra*.

Mas qual imagem será capaz de 'compor' o Deus *patibilis* de San Damiano, o corpo de Francisco devastado pelas doenças, com a alegria, a *hilaritas* que deriva de ser perfeitamente leve, *livre*, pronto a tudo acolher e a tudo salvar em si? Qual *vis imaginativa* poderá realizar tal *símbolo*?

Giotto pintor teria cor, substância, *corpo* para chegar a ela, mas o programa que é chamado a executar, os limites que lhe são ditados e, sobretudo, sua própria cultura o impedem. Em três painéis sucessivos em Assis, *humilitas* e *hilaritas* parecem a ponto de se unir: o presépio de Greccio, o milagre da fonte, a prédica aos pássaros. Eis uma santidade que dessedenta, eis o anúncio de um renascimento, eis as coplas do *Cântico*. Mas não há *paupertas*, não há o sofrimento e a doença de Francisco. A alegria do anúncio cintila no sorriso de Nossa Senhora no trono, nos Uffizi (e certamente não no rosto pálido de Pobreza na alegoria da basílica inferior), mas o ouro que o envolve obscurece a paixão sofrida, o corpo ressurreto não guarda traços daquele crucifixo. Talvez apenas a *Annunciata* de Angelico em San Marco traga em si os tons da perfeita humildade, da consciente obediência ao destino que o aguarda, da soberana leveza oferecida por Pobreza e da serena alegria – ao passo que as Virgens de Mantegna e mesmo de Bellini são marcadas pela imagem do drama e parecem trazer o Filho ao colo como se já fosse uma deposição.

Dante confere vigor excepcional à *figura* de Pobreza. *Sua celsitudo* nada tem de simples abstração, ela pulsa na história predicante-mendicante do Santo com toda a sua carga escatológica, incomparável à das outras 'virtudes' (castidade e obediência). Mas precisamente a relação com Domingos e a colocação dos louvores no Céu dos espíritos sábios, necessárias, para Dante, para representar sua profecia teológico-política, tornam imperceptível o tema da *hilaritas*, que no entanto soa realmente como a palavra final de Francisco. Sem dúvida, cabe sempre lembrar que nem Francisco nem

Domingos estão nesse Céu – mas Francisco, à diferença de Domingos, aparece 'mais acima', junto com as outras duas 'pessoas' da Trindade dos santos, Pedro e Bento. É a Trindade histórica encarnada: Pedro, o Primeiro; Bento, o fundador do monasticismo ocidental; Francisco, o Cristo redivivo. Isso significa que ambos, Francisco e Domingos, e em diferentes medidas, por mais que 'superem' essa dimensão da *vita paradisi*, toda ela igualmente beata, só ali podem ser, para Dante, compreendidos e pregados, e apenas para espíritos sábios.

Em Dante, o amor de Francisco arde, mas arde apenas *regiamente*. Percebe-se melhor o tema do despojamento em Assis, embora nunca alcance o drama da *kenosis*. Em Dante, a energia da pregação impossibilita que se ouça o perdão, o não julgar. E as mais elevadas palavras do Anúncio, 'não resistir ao mal', só se ouvem em Assis na medida em que o *mal* não figura ali com aquela face extremamente real com que é descrito por Celano e Boaventura. Nos dois grandiosos 'retratos', parece ausente o aspecto mais profundo e inquietante da mística de Francisco, aquele que esposa em si o amor, numa medida *impossível* de doar e *per-doar*, e a alegria, a alegria autêntica, inclusive do corpo que dança e da voz que canta. É o aspecto feminino, *materno* dessa santidade que o misticismo franciscano exalta continuamente: Tomás de Pavia, em suas *Distinctiones*, compara Francisco ao terebinto de *Isaías*, 6: 13, pela natureza feminina dessa arvorezinha; e o próprio Ubertino da Casale diz *em Arbor vitae*: «Por meio de Francisco e Clara, Jesus renasceu no sexo feminino».[28] Se uma relação autenticamente analógica liga *kenosis* divina e pobreza, ainda mais intrínseca é a analogia entre aquela e a maternidade de Maria. É ela que realmente se despossui, que 'odeia' sua *psyché*, que deixa-ser o Filho, destinado a outra coisa, em sua missão. É ela que é per-

---

28 | Sobre os aspectos «maternos» da espiritualidade franciscana insiste J. Le Goff em seu belo ensaio sobre Francisco (*Saint François d'Assise*, Paris, 1999). Mas o essencial sobre essa «linguagem» já fora apresentado por G. Pozzi, Introdução a *Scrittrici mistiche italiane*, org. G. Pozzi e C. Leonardi, Gênova, 1988, e depois pelo mesmo, junto com Beatrice Rima, Introdução a Clara de Assis, *Lettere ad Agnese. La visione dello specchio*, Milão, 1999.

seguida. Mas é ela também que se pode abrir ao sorriso de Beatriz ou da Madonna dos Uffizi, ou à serenidade celestial da jovem *vista* por Angelico na pura nudez de sua cela, no convento dominicano de San Marco. O espírito do Senhor pousa naqueles que realizam as obras do Pai como «sponsi, fratres et *matres* Domini nostri Jesu Christi», somos *mães* do próprio Jesus «quando o levamos no coração *et corpore nostro ... parturimus eum* por meio das ações santas, que devem resplender como exemplo aos outros» (*Epistola ad fideles*, 9). Aqui, a linguagem de Francisco realmente se aproxima da linguagem das grandes místicas, Clara, Angela da Foligno, Catarina. Como mãe, Francisco gostaria que seus Menores *andassem*, sem o 'ídolo' das regras, sem o peso do texto que pretende se impor ao espírito e o mata. É seu extremo e desesperado apelo: que não peçam «aliquam litteram in curia Romana», para ter igreja, nem com o pretexto de pregar, nem para se proteger de quem os persegue (*Testamentum*, 25). Se não forem recebidos, que se retirem, depois de augurar a paz, como fez ele com o Sultão.

É em San Damiano que Francisco compõe o *Cântico*. É a Clara, às mulheres que ele o dedica. São elas suas verdadeiras herdeiras, são elas que ele realmente alimenta. Se, para Francisco, há alguma criatura capaz de se refletir perfeitamente no espelho *sine macula* de Cristo, é Clara. A mulher é figura escatológica no sentido mais pleno: ela põe fim à história de uma Igreja *potestas, patria potestas*, nisso herdeira do predomínio prepotente da figura masculina e da violência inexoravelmente ligada a ela. A reforma religiosa franciscana traz em si essa formidável instância de uma autêntica guinada antropológica.[29]

Na cena do presépio de Greccio em Assis, ausente em Santa Croce, essa fundamental *facies* materna de Francisco é captada por um instante – mesmo que, repitamos, num contexto que nada parece guardar da pobreza franciscana. Porém, de certo modo sente-se a relação entre ela e a alegria do canto dos Menores.

---

29 | Sobre Clara, ver, por fim, o belo livro de Chiara Frugoni, *Storia di Chiara e Francesco*, Turim, 2011.

Mas nesse «materno» desaparece totalmente o lado sofredor, o abandono que o acompanha, a solidão, até, que é causada pelo *per-doar e de-mitir*. Tanto em Dante quanto em Giotto, aquela «vitória» que emerge do auge da miséria, que se anuncia alegremente na derrota, é um paradoxo que escapa à representação. Apesar disso, a imagem de Francisco derrotado encontra lugar em Dante; está no relato da alma condenada de Guido da Montefeltro: o Santo tentou retê-lo no momento da morte, mas «um dos negros querubins / lhe disse: 'Não o leva; não me prejudiques. / Deve descer entre meus mesquinhos'» (*Inferno*, XXVII, 113-15). Dante sabe que o seráfico ardor sempre pode ser derrotado pela 'lógica' distributiva, pela 'justiça' do querubim, mesmo, nesse caso, um querubim rebelde! Dante conhece ainda melhor a história do franciscanismo, marcado pelo trágico distanciamento do Oriente de Assis – e certamente não o esconde, ao contrário do que ocorre, e não poderia ser de outra maneira, em Assis. Mas ele não vê a alegria franciscana que irrompe do abandono e da perseguição, a alegria que pode provir, *aqui e agora*, de serem os mansos, os sedentos, os pobres, os injustiçados.

Nesse sentido, faltam duas cenas em Giotto e Dante, exemplares dessa santidade plenamente encarnada, sim, mas naquela medida *além do humano*, que se mostra na pobreza enquanto imitação da *kenosis* divina. A primeira está representada na *Epistola ad ministrum*, que tanto e tão justamente impressionou Auerbach:[30] aceita todas as coisas, mesmo que os irmãos tenham de te açoitar, *pro gratia*; «dilige eos qui ista faciunt tibi»; não queiras deles senão o que te fazem, «et non velis quod sint meliores christiani»; que não exista no mundo um irmão que, por maiores que sejam seus pecados, se pedir para ser perdoado, não o seja por ti; «et si millies postea coram oculis tuis peccaret, dilige eum plus quam me». A segunda vem narrada na *Compilatio florentina* e é retomada no extraordinário capítulo VIII dos Fioretti, como exemplo da *vera laetitia*: Francisco

---

30 | A carta de Francisco é magistralmente comentada por E. Auerbach, *Mimesis*, trad. it., Turim, 1956, vol. I, pp. 177 ss.

volta de Perugia numa noite avançada, em pleno inverno. O frio é tão intenso que a umidade se congela na parte de baixo da túnica e o gelo fere as pernas nuas do santo. Finalmente chega à porta e, depois de bater e chamar por muito tempo, vem um frade e pergunta: «Quis est? Ego respondeo: Frater Franciscus. Et ipse dicit: Vade; non est hora decens eundi; non intrabis». Francisco insiste, mas o outro: «Vade; tu es unus simplex et idiota; admodo non venis nobis; nos sumus tot et tales, quod non indigemus te». Francisco abandonado *pelos seus*, sozinho perante os *muitos*, por fim *patiens* a mais perfeita pobreza, experimenta então em que consiste a *vera laetitia*.

Em Dante, a *paciência* de Francisco consiste na tenacidade com que se mantém *em guerra* contra os poderes que exilaram Pobreza e transformaram a cadeira de Pedro em Babilônia. Em Giotto, 'simula-se' uma paz dentro da Ordem de Francisco, e entre o franciscanismo e a Igreja real, para a qual Tomás, Boaventura e seus discípulos mais fiéis certamente haviam trabalhado – mas que, na iminência da 'catástrofe' assinalada pelo reinado de Bonifácio, agora não tinha mais nenhuma esperança de ver concretizar. A *historia* de Francisco não pode ser imaginada sem os retratos de nossos dois sumos mestres – e exatamente por serem reconstruções poderosas e tendenciosas, expressão de projetos religiosos, teológicos, políticos, elas constituem a história real que se cria a partir de Francisco. Francisco vive ali dentro, justamente como *figura futuri* – mas, de algum modo, ali se reduz ou se dissolve. A singularidade de Francisco – aquela extraordinária singularidade paradoxal de quem não quer absolutamente ser 'singular' – continua a existir para além dessas imagens e de todas as outras, exatamente como a imagem de seu Modelo resiste para além de qualquer 'cristianismo'.

PRE·TEXTOS | kutchak

001. MASSIMO CACCIARI
Duplo retrato

002. MASSIMO CACCIARI
Três ícones

003. GIORGIO AGAMBEN
A Igreja e o Reino

004. A. I. DAVIDSON | E. LEVINAS | R. MUSIL
Reflexões sobre o nacional-socialismo

005. MASSIMO CACCIARI
O poder que freia

EDITORA ÂYINÉ

Praça Carlos Chagas, 49 2° andar
CEP 30170-140 Belo Horizonte
+55 (31) 32914164

www.ayine.com.br
info@ayine.com.br

DIRETOR EDITORIAL
Pedro Fonseca

COORDENAÇÃO EDITORIAL
André Bezamat

CONSELHEIRO EDITORIAL
Simone Cristoforetti

PRODUÇÃO EDITORIAL
Fabio Saldanha

PRODUÇÃO DE CONTEÚDO
Bruna Wagner

PROGETO GRÁFICO
Evelin Bignotti

TÍTULO ORIGINAL:

DOPPIO RITRATO

©**Massimo Cacciari**
© **2012 Adelphi Edizioni S.P.A. Milano**
Publicado mediante acordo com Ute Körner Literary Agent, Barcelona
www.uklitag.com
© **2016 EDITORA ÂYINÉ L.T.D.A.**

Nesta edição, respeitou-se o novo Acordo Ortográfico da Língua Portuguesa.

ISBN 978-85-92649-00-5

fontes: **Gentium Basic | Calibri**
papel: **Arcoprint Milk 100 gr.**
impressão: **Grafiche Veneziane**